U0617637

吉林财经大学资助出版图书

获吉林财经大学探索项目
"基于大语言模型的社交网络虚假信息差异性识别与治理研究"（项目编号：2024TS011）资助

社交媒体平台
网络谣言甄别
与组态路径研究

张柳 著

RESEARCH ON
THE IDENTIFICATION
AND CONFIGURATION PATH OF
ONLINE RUMORS
ON SOCIAL MEDIA PLATFORMS

社会科学文献出版社
SOCIAL SCIENCES ACADEMIC PRESS (CHINA)

摘　要

本书围绕社交媒体平台上的网络谣言甄别与组态路径展开，结合文献分析法、实证研究法、知识图谱、区块链技术和模糊集定性比较分析法等多种方法，深入探讨了社交媒体平台网络谣言的主题关系、源头甄别、组态路径及治理策略。在社交媒体平台快速发展的背景下，网络谣言的传播速度不断加快，其虚拟性和匿名性使得治理难度大大增加。社交媒体平台及网络谣言本身的特性对网络舆情生态平衡产生深远影响。如果不加以正确引导和管理，可能会导致网络舆情生态系统的恶化，甚至威胁社会和谐与国家稳定。因此，有效甄别社交媒体平台上的网络谣言、分析其组态路径、挖掘关键人物、追溯网络谣言源头并厘清形成机理，成为舆情监管的重要切入点。

本书共分八章，第一章和第二章为文献综述与相关概念及理论分析。第三章提出了社交媒体平台网络谣言的传播机理，基于信息生态理论构建了传播框架，分析了舆情主体、舆情客体和舆情环境三个关键要素，深入探讨了网络谣言传播的运行机理、演化模式、传播动机与传播动力，并提出了社交媒体平台网络谣言传播机理系统模型。第四章至第六章为实证研究部分。第四章基于信息人理论，结合知识图谱与 Neo4j 构建社交媒体平台网络谣言意见领袖主题图谱，确定意见领袖的关系路径分析参数。通过对"重庆大巴坠江·非女司机逆行导致"网络谣言话题的实证分析，揭示了意见领袖的传播效率、传播路径和关键节点影响力。第五章结合信息理论与区块链技术，提出了社交媒体平台网络谣言甄别模型。以"塑料大米"网络谣言话题为例，通过仿真实验对基于区块链构建的网络谣言甄别模型进行验证及分析，运用区块链的特点追溯网络谣言源头并对网络谣言进行甄别。第六章基于信息环境理论，构建了社交媒体平台网络谣言的形成路径分析框架，结合 30 个微博热点网络谣言事件，提取了媒体报道偏差、政府信任度优化、网民认知偏差等条件变量。使用模糊集定性比较分析法（fsQCA）构建真值表，探讨了社交媒体平台网络谣言的组合逻辑与形成路径。第七章基于前述分析结果，提出了社交媒体平台网络谣言治理策略。治理策略从信息人、信息与信息环境三个层面入手，针对网络谣言的多维特征，提出了具体的应对措施。第八章对社交媒体平台网络谣言的研究进行了展望，提出未来研究将更加注重人工智能与大数据技术的应用，探索更高效的谣言识别与传播干预机制。同时，随着社交媒体平台技术的不断演进，未来的治理策略应更加注重动态性与适应性，能够实时跟踪谣言的传播态势并及时调整应对措施。

本书的创新之处在于，从信息人、信息和信息环境三个不同维度出发，结合知识图谱、区块链技术与模糊集定性分析法等多种方法，提出了社交媒体平台网络谣言甄别与组态路径的系统研究方式。通过对社交媒体平台网络谣言的主题关系、源头甄别与组态路径的深入剖析，为社交媒体平台网络谣言研究提供了新的理论视角与实践路径。在具体实践中，本书可以为政府监管部门、社交媒体平台及舆情监控机构提供多角度的治理思路，有助于提升治理效率与精准度。

本书不仅在理论上构建了社交媒体平台网络谣言的传播机理系统模型与治理策略体系，也提出了具体应用方法和可行的问题解决方案，为实现更加精准和有效的网络舆情管理与网络谣言治理提供了系统性理论支撑，有助于推动社交媒体平台网络谣言治理的研究与实践。

Abstract

This book focuses on the identification and configuration paths of online rumors on social media platforms, integrating various methods such as literature analysis, empirical research, knowledge graph, blockchain technology, and qualitative comparative analysis of fuzzy sets. It deeply explores the thematic relationships, source identification, configuration paths, and governance strategies of online rumors on social media platforms. Against the backdrop of the rapid development of social media platforms, the dissemination speed of online rumors is constantly accelerating, and their virtuality and anonymity have greatly increased the difficulty of governance. The characteristics of social media platforms and online rumors themselves have a profound impact on the ecological balance of online public opinion. If not properly guided and managed, it may lead to the deterioration of the social network public opinion ecosystem and even threaten social harmony and national stability. Therefore, effectively identify online rumors on social media platforms, analyze their configuration paths, identify key figures, trace the source of online rumors, and clarify the formation mechanism has become an important entry point for public opinion supervision.

This book is divided into eight chapters. The first two chapters are literature reviews, related concepts and theoretical analyses. The third chapter proposes the transmission mechanism of online rumors on social media platforms. Based on the information ecology theory, it constructs a transmission framework, analyzes the three key elements of public opinion subjects, public opinion objects, and public opinion environment, and deeply explores the operational mechanism, evolution mode, transmission motivation, and transmission power of rumor transmission. It also proposes a system model of the transmission mechanism of online rumors on social media platforms. Chapter four to six are empirical research sections. Chapter four, based on the information person theory, combines knowledge graphs and Neo4j to construct a topic graph of opinion leaders on social media platform online rumors, and determines the relationship path analysis parameters of opinion leaders. Through an empirical analysis of the rumor topic "Chongqing bus plunge-not caused by the female driver's reverse driving", it reveals the transmission efficiency, transmission path, and influence of key nodes of opinion leaders. Chapter five combines information theory and blockchain technology to propose a model for identifying online rumors on social media platforms. Taking the "plastic rice" rumor as an example, it verifies and analyzes the online rumor identification model based on blockchain through simulation experiments, and uses the characteristics of blockchain to trace the source of the network and identify online rumors. Chapter six, based on the information environment theory, constructs an analysis framework for the formation path of online rumors on social media platforms. Combined with 30 hot online rumor events, it extracts conditional variables such as media reporting bias, government trust optimization, and netizen cognitive bias. Using the fuzzy set Qualitative Comparative Analysis (fsQCA), it constructs a truth table to explore the combination logic and formation path of online rumors on social media platforms. Chapter seven, based on the previous analysis results, proposes governance strategies for online rumors on social media platforms. The governance strategies start from the three levels of information person, information, and information environment, and propose specific countermeasures for the multi-dimensional characteristics of online rumors. Chapter eight looks forward to the research on online rumors on social media platforms. It proposes that future research will pay more attention to the application of artificial intelligence and big data technologies, and explore more efficient rumor identification and transmission intervention mechanisms. At the same time, with the continuous evolution of social media platform technologies, future governance strategies should pay more attention to dynamics and adaptability, be able to track the transmission trend of rumors in real time, and adjust countermeasures promptly.

The innovation of this book lies in its systematic research approach to the identification and configuration paths of online rumors on social media platforms, which is based on three different dimensions: Information people, information, and information environment. It combines multiple methods such as knowledge graphs, blockchain, and fuzzy set qualitative analysis. Through in-depth analysis of the thematic relationships, source identification, and configuration paths of online rumors on social media platforms, it provides new theoretical perspectives and practical paths for the research on online rumors on social media platforms. In specific practice, this book can offers multi-angle governance ideas for government regulatory authorities, social media platforms, and public opinion monitoring institutions, helping to enhance governance efficiency and accuracy.

This book not only constructs system model of the dissemination mechanism and governance strategies system of online rumors on social media platforms, but also proposes specific application methods and feasible solutions. It provides systematic theoretical support for achieving more precise and effective online public opinion management and rumor governance, and promotes the research and practice of online rumor governance on social media platforms.

目 录 CONTENTS

第一章　网络谣言扰乱舆情环境

第一节　社会高度关注网络谣言问题

一　社交媒体平台助推网络谣言传播

（一）社交媒体增强了网络舆情信息传播的有效性

社交媒体的出现对传统以线性传播为主的舆情传播模式产生了颠覆性的影响。相较于传统媒体，社交媒体凭借其即时性和互动性的突出优势，已然成了当前最为流行的信息发布平台和获取渠道[1]。随着社交网络技术的发展和公众信息素养的提升，以公众为主体的社会管理意识正在形成。公众不再是原始意义上的受众，而是借助社交网络技术提供的信息发布优势，成为社会事件的报道者、传播者和定义者[2]。社交媒体逐渐成为网络舆情信息传播及扩散的重要平台，并增强了网络舆情信息传播的有效性[3]。以微博为代表的新兴信息交流平台，结合社交媒体平台的特点灵活采用多种信息发布形式，对网络舆情信息进行全方位、多样态的分享，不仅增加了网络舆情信息的传播量，更提升了网络舆情信息传播的深度和广度，已经成为网络舆情信息分享的主阵地[4]。

---

[1] 詹姆斯·卡茨：《传播视角下的社会网络与公民新闻对传统报纸的挑战》，赵康编译，《新闻与传播研究》2012年第3期。

[2] 龚梓坤、陈雅乔：《社交媒体用户与传统媒体受众间的比较研究》，《传媒论坛》2018年第16期。

[3] 汪明艳、陈梅：《社交媒体网络舆情传播影响力研究综述》，《情报科学》2017年第5期。

[4] 唐晓波、宋承伟：《基于复杂网络的微博舆情分析》，《情报学报》2012年第11期。

（二）网络谣言催化热点舆情升级

根据中国互联网络信息中心（CNNIC）发布的《第 54 次〈中国互联网络发展状况统计报告〉》，截至 2024 年 6 月，我国网民规模近 11 亿人，较 2023 年 12 月增长 742 万人，互联网普及率达 78.0%[①]。网络舆情在社交网络的土壤中滋生、潜伏，与社会同步运转、共同呼吸。当网络舆情的社会条件完全具备时，只需擦出一点火花就可导致网络舆情大爆发。网络舆情是社会舆论的一种表现形式，是公众对现实生活中的热点事件、焦点问题的具有影响力、倾向性的观点和态度[②]。一段不起眼的网络视频、一篇表示质疑的文章、一条未经证实的传言，都足以掀起一场舆论风暴，甚至造成严重的社会危机。网络谣言能够引发情感共鸣，迅速集结民意，转化为强大的网络舆情攻势。网络谣言总是围绕人们最为关心的话题展开，关乎社会安全，日常生活类的网络谣言数量最多。夹杂民意的网络谣言极易调动网民情绪，引起共鸣，汇集民意，引发线上负面舆情，甚至是线下群体性事件。而网络谣言事件极易获得公众的关注与参与，并在短时间内聚集网络舆情引发舆论风暴，甚至把网络舆情推向难以管控的局面，脱离有序引导，威胁网络信息环境的健康和谐发展。

（三）社交媒体平台网络谣言形成路径的多元性与复杂性

全媒体时代的技术创新为网络主体获取信息提供了崭新的方式，使得信息的传播速度更快、范围更广、内容更丰富、网民的互动程度更深，但也为网络谣言的批量生产与裂变传播提供了"沃土"。网络空间的虚拟特性为现实主体的言论自由提供了便利平台，但也加大了人们对信息的筛选难度，网络谣言的形成与传播路径趋向多元化。一方面，技术的发展拓展了网络谣言传播的空间。多样化的社交媒体平台层出不穷，比如抖音、微信、微博、B 站、知乎等社交媒体平台进入人们的生活，拓宽了信息传播渠道，使得网络谣言不再孤立、闭塞。另一方面，网络谣言受到多方面因素的影响和制约，在权威信息滞后、网络把关人缺失、网民辨析能力下降

---

① 《第 54 次〈中国互联网络发展状况统计报告〉》，中国互联网络信息中心，2024 年 8 月 29 日，https://finance.sina.com.cn/stock/usstock/c/2023-11-09/doc-imztzksh0045805.shtml。

② 王晰巍等：《基于 LDA 的微博用户主题图谱构建及实证研究——以"埃航空难"为例》，《数据分析与知识发现》2020 年第 10 期。

等因素的共同作用下，网络谣言得以扩散传播。通过研究社交媒体平台网络谣言的主题关系、追溯谣言源头来有效甄别谣言节点，并通过把控谣言关键传播节点以及分析谣言形成路径来厘清谣言形成原理，是加强网络谣言治理、守护网络主流意识形态安全的重要路径。

（四）网络舆情信息生态建设的必要性与挑战

随着信息技术的不断成熟，网络舆情信息生态也经历了深刻的变革。相较于传统舆情生态环境，网络舆情信息生态具有舆情结构复杂、传播半径广、影响力深远等诸多特点。网络舆情信息生态中的信息生产、信息组织以及信息消费等信息行为，也与传统舆情生态环境有着显著的区别。以图片信息、视频信息为主要形式的信息生产方式成为当下的主流，在信息组织上呈现显著的社群化特征，舆情用户的信息消费习惯也呈现显著的碎片化特征。与此同时，网络舆情信息生态的引导策略尚不健全，如何通过建立与完善相关的治理策略，保障信息生产的多样性，对信息组织形成有效的监管与疏导，不断提升信息消费的体验，是当下网络舆情迫切需要解决的生态性问题。只有从理论层面上准确解决上述问题，才能遵循信息生态系统的客观运行规律，使监管部门能够根据新时代网络舆情的特点开展舆情管理工作，保障网络舆情信息生态的良性循环。

二　学术界着力研究网络谣言重点问题

本书兼具理论意义与实践意义。在理论意义层面，本书有助于推动社交媒体平台网络谣言研究理论体系的构建，深化信息生态理论在社交媒体平台网络谣言研究领域的应用，为加强社交媒体平台网络谣言治理提供新的研究视角。实践意义主要体现在指导相关舆情监管部门加强社交媒体平台网络谣言监管，推动相关舆情监管部门进行多元路径管理，指引社交媒体平台网络谣言检测和治理机制构建。

（一）理论意义

1. 推动社交媒体平台网络谣言研究理论体系的构建

新媒体时代，互联网成为谣言滋生与传播的“温床”，特别是以社交类网站、社交类平台、即时通信工具为代表的社交媒体平台的蓬勃发展，使得人人都可以自由地发布、传播和获取信息，也为网络谣言的扩散提供了便利条件。通过社交媒体平台网络谣言甄别与组态路径研究，系统追溯社交媒体平台网络谣言信息源节点、剖析网络谣言意见领袖主题关系、厘清网络谣言形成路径是进行网络谣言治理、研究网络谣言信息传播的重要环节。本书以微博平台网络谣言话题为例，结合知识图谱和 Neo4j 构建社交媒体平台网络谣言意见领袖主题图谱，使用 Cypher 语言对意见领袖的传播效率、传播路径和关键节点影响力进行分析；基于区块链技术和 UML 图形构建社交媒体平台网络谣言甄别模型，重点分析如何利用区块链保证舆情信息传播的安全性及可追溯性，以及对网络谣言进行净化和保证舆情信息完整性；运用模糊集定性比较分析法（fsQCA）构建真值表，基于信息环境理论构建社交媒体平台网络谣言形成路径分析框架，探究网络谣言的组合逻辑和形成路径。综上，本书的研究有助于推动社交媒体平台网络谣言理论体系的构建。

2. 深化信息生态理论在社交媒体平台网络谣言研究领域的应用

信息生态学中，信息人、信息、信息环境被视作一个整体，整体构成要素的和谐发展对于构建健康的互联网生态环境具有重要作用，并可以促进信息生态的协调和可持续发展。信息生态系统中的各个要素之间都是相互联系和相互依赖的，信息生态系统中各种要素的角色功能、资源配置和交互模式都处在一个稳态。其中，信息生态因子之间的和谐作用，使得信息生态系统中的信息可以高效传递，而社交媒体平台等信息环境的飞速发展，极大地促进了网络谣言的传播。与此同时，社交媒体平台网络舆情生态系统也产生了剧烈的变化。本书基于信息生态视角，通过信息生态中信息人、信息、信息环境三要素，对社交媒体平台网络谣言主题关系、源头甄别以及组态路径进行研究，提出信息生态系统下社交媒体平台网络谣言传播机理模型，深化了信息生态理论在社交媒体平台网络谣言研究领域的应用，对维护信息生态系统平衡、促进舆情信息的有效利用以及提升网络社会的文明程度等方面具有重要指导意义。

3. 为加强社交媒体平台中网络谣言治理提供新的研究视角

随着社交媒体的广泛应用，微博、论坛、博客、QQ、微信等社交媒体平台成为网民发表意见和表达情绪的重要平台。同时，社交媒体平台网络舆情信息的传播，也为网络谣言的伺机发展提供了便利条件。网络谣言借助社交媒体平台的特性及优势，凸显了网络谣言源点难追溯、圈层传播、关键节点助推等特征。面对社交媒体平台中的网络谣言，相关舆情监管部门准确高效地利用相关技术，确定关键意见领袖节点的主题关系，迅速识别网络谣言源头并对网络谣言进行甄别，揭示网络谣言形成路径中各条件变量之间复杂的因果关系，是降低负面社会效应，保证舆情朝着健康的社会舆论方向发展的关键要素。本书提出的社交媒体平台网络谣言治理策略，不仅能够帮助舆情监管部门有针对性地进行谣言治理和舆情引导，还可以降低舆情监控成本，营造健康和谐的网络环境，提升社交网络安全水平。综上，本书的研究为加强社交媒体平台网络谣言治理提供了新的研究视角及理论支撑。

（二）实践意义

1. 指导相关舆情监管部门加强社交媒体平台网络谣言监管

在党的二十大报告中，习近平同志向全党全国各族人民发出了"健全网络综合治理体系，推动形成良好网络生态"的号召。习近平总书记曾多次强调加强互联网建设，指出网络空间是亿万民众共同的精神家园。网络空间天朗气清、生态良好，符合人民利益。网络空间乌烟瘴气、生态恶化，不符合人民利益①。本书通过研究社交媒体平台网络谣言甄别与组态路径、确定网络谣言关键意见领袖、溯源和甄别网络谣言、分析网络谣言的组合逻辑和形成路径，从而为政府相关部门进行社交媒体平台网络谣言多角度和全方位的监管、追踪信息源头、定位关键节点提供决策支持。

2. 推动相关舆情监管部门进行多元路径管理

当前社交媒体平台网络谣言形成路径倾向于多元组态，在互联网信息化日益繁荣的同时，网络谣言也逐渐摆脱由单一变量生成的模式，发展为多变量间的多元共生过程。各个条件变量之间相互联系、相互依存，由核心变量领导并协助各变量进行协同演化，以复杂的非线性关系促进网络谣言的形成。本书对社交媒体平台网络谣言的甄别与组态路径进行研究，能够推动相关舆情监管部门进行多元路径管理。协助监管部门识别网络谣言中的意见领袖，分析关系路径参数，追溯网

---

① 《习近平著作选读》（第一卷），人民出版社，2023，第472页。

络谣言信息源节点，控制谣言传播，梳理网络谣言形成路径，掌握网络谣言内在形成机理，帮助相关舆情监管部门准确了解网络谣言在信息传播中的生产、传递、分级和消费过程，提前制定阶段性策略，完善网络谣言的监管与疏导机制。

3. 指引社交媒体平台网络谣言检测和治理机制构建

社交媒体在信息传播中占据主导地位，使得谣言在社交网络中迅速传播。由于信息扩散迅速的特性，网络谣言可能在短时间内迅速渗透到大量用户中。社交媒体平台中具有社交影响力的意见领袖，其言论更易在网络中传播，对更多网民的观点产生影响。网络匿名性的存在使得一些网民更容易散布虚构或未经证实的信息，这些信息成为网络谣言的源点。同时，网络谣言是由多元主体与传播环境相互作用而逐步形成的复杂演变过程。这些内外因素相互交织，共同影响着社交媒体平台中网络谣言的形成。在建立网络谣言检测和治理机制时，我们不仅要注重外部力量的介入，还应该注意网络谣言影响变量的内在机制。本书主要研究在以微博为代表的社交媒体平台的网络谣言事件的传播中，舆情监管部门对意见领袖引导、信息源头把控、多元路径协同等方面所应当采取的监测及治理策略。其中，从信息人的角度提出建立意见领袖的沟通机制、完善用户类型化管理和发挥主流媒体的作用；从信息的角度提出加强权威节点的建立与优化信息验证流程、优化信息相似度计算方法提高谣言识别精确度以及引入社区治理机制促进用户参与谣言识别；从信息环境的角度提出增强媒体责任感与提升报道质量、提升政府公信力与信息发布及时性以及加强平台监管与社区协同治理。综上，本书提出的社交媒体平台网络谣言治理策略，有助于相关舆情管控主体在"黄金时刻"启动网络谣言预警、控制和治理流程。

第二节　国内外研究现状

一　国内外社交网络舆情研究现状

（一）国外社交网络舆情研究现状

1. 社交网络舆情用户行为研究

关于社交网络舆情用户行为研究，主要集中在用户信息行为和用户情感分析方面。用户信息行为涉及信息分享行为[①]、用户隐私行为[②]、平台摇摆行为[③]和社交群体行为[④]等,在社交网络舆情中对不同用户信息行为进行探索,通常采用问卷调查[⑤]、深度访谈[⑥]、结构方程[⑦]等方法挖掘用户信息行为影响因素。随着研究的发展,学者提出了许多改进的方法,例如采用分层逻辑回归模型[⑧]、基于 LightGBM 的预测模型[⑨]等优化模型分析不同用户信息行为的内在动机。同时基于隐私悖论[⑩]、信号理论[⑪]、计划行为理论[⑫]和使

① Wei, L., et al., "Do social media literacy skills help in combating fake news spread? Modelling the moderating role of social media literacy skills in the relationship between rational choice factors and fake news sharing behaviour", *Telematics Informatics* 76 (1), 2022, p. 101910.

② Dogruel, L., et al., "Disclosing personal information in mHealth Apps. Testing the role of privacy attitudes, App habits, and social norm cues", *Social Science Computer Review* 41 (5), 2023, pp. 1791-1810.

③ Tandoc, E. C., et al., "Platform-swinging in a poly-social-media context: How and why users navigate multiple social media platforms", *Journal of Computer-Mediated Communication* 24 (1), 2019, pp. 21-35.

④ Lin, J. H., et al., "I wanna share this, but···: Explicating invested costs and privacy concerns of social grooming behaviors in Facebook and users' well-being and social capital", *Journal of Computer-Mediated Communication* 29 (1), 2024, pp. 1-16.

⑤ Gever, V. C., et al., "Modeling predictors of COVID-19 health behaviour adoption, sustenance and discontinuation among social media users in Nigeria", *Telematics and Informatics* 60, 2021, p. 101584.

⑥ Zhang, Y., et al., "A study of the influencing factors of mobile social media fatigue behavior based on the grounded theory", *Information Discovery and Delivery* 48 (2), 2020, pp. 91-102.

⑦ Yin, C., et al., "Research on the influencing factors of the switching behavior of Chinese social media users: QQ transfer to WeChat", *Library Hi Tech* 41 (3), 2023, pp. 771-787.

⑧ Xie, Y., et al., "Research on Chinese social media users' communication behaviors during public emergency events", *Telematics & Informatics* 34 (3), 2017, pp. 740-754.

⑨ An, L., et al., "A prediction model of users' attention transfer in the context of multitopic competition", *Aslib Journal of Information Management* 76 (3), 2024, pp. 461-476.

⑩ Barth, S., et al., "Putting the privacy paradox to the test: Online privacy and security behaviors among users with technical knowledge, privacy awareness, and financial resources", *Telematics and Informatics* 41, 2019, pp. 55-69.

⑪ Lin, J. H. T., "Strategic social grooming: Emergent social grooming styles on Facebook, social capital and well-being", *Journal of Computer-Mediated Communication* 24 (3), 2019, pp. 90-107.

⑫ Hong, Y., et al., "Understanding the health information sharing behavior of social media users: An empirical study on WeChat", *Journal of Organizational and End User Computing* 33 (5), 2021, pp. 180-203.

用与满足理论[1]等拓宽用户信息行为研究维度。情感分析在社交网络舆情研究方面逐渐受到学者的广泛关注，利用自然语言处理等技术对用户生成内容，如对其背后隐含的情感主题[2]和分类[3]进行深入挖掘。近年来，国外学者利用深度学习和机器学习等方法进行情感分析的研究显著增加，并向语音情感识别和用户情感识别方面延伸[4]。常见的机器学习和深度学习算法包括长短期记忆网络（LSTM）[5]、双向长短期记忆网络（Bi-LSTM）[6]、门控递归单元（GRU）[7] 等；基于经典算法衍生出的改进变体包括 fastText 模型[8]和利用马尔可夫链构建的情绪状态转换矩阵等，基于情绪动态变化观点，构建偏差规则马尔可夫模型，通过分析网络用户情绪类别之间的相关性来预测网络舆情中互联网用户的情绪变化趋势[9]。

2. 社交网络舆情传播演化研究

国外关于社交网络舆情传播演化的研究，多数集中在舆情传播模型构建方面。以系统动力学、生命科学、传播学、信息生态学以及心理学等理论和模型为基础，结合实证研究和网络舆情数据进行模拟仿真分析，对舆

---

[1] Malik, A., et al., "Understanding the Facebook users' behavior towards COVID-19 information sharing by integrating the theory of planned behavior and gratifications", *Information Development* 39 (4), 2023, pp. 750−763.

[2] Wang, K., Zhang, Y., "Topic sentiment analysis in online learning community from college students", *Journal of Data and Information Science* 5 (2), 2020, pp. 33−61.

[3] Mohd, M., et al., "Sentiment analysis using lexico-semantic features", *Journal of Information Science* 50 (6), 2024, pp. 1449−1470.

[4] Miao, R., "Emotion analysis and opinion monitoring of social network users under deep convolutional neural network", *Journal of Global Information Management* 31 (1), 2023, pp. 1−12.

[5] Behera, R. K., et al., "Co-LSTM: Convolutional LSTM model for sentiment analysis in social big data", *Information Processing & Management* 58 (1), 2021, p. 102435.

[6] Miao, R., "Emotion analysis and opinion monitoring of social network users under deep convolutional neural network", *Journal of Global Information Management* 31 (1), 2023, pp. 1−12.

[7] Kumar, S., "Deep learning based affective computing", *Journal of Enterprise Information Management* 34 (5), 2021, pp. 1551−1575.

[8] Hammou, B. A., et al., "Towards a real-time processing framework based on improved distributed recurrent neural network variants with fastText for social big data analytics", *Information Processing & Management* 57 (1), 2020, p. 102122.

[9] Shi, W., et al., "DRMM: A novel data mining-based emotion transfer detecting method for emotion prediction of social media", *Journal of Information Science* 50 (3), 2024, pp. 590−606.

情演化特征及传播规律进行分析或预测。经典的模型和理论包括基于传染病 SI 模型[①]的 SIR 模型、SIS 模型、沉默螺旋模型等解释舆情信息的传播过程模型，以及时间序列预测模型[②]和 Weisbuch-Deffuant 舆情演化模型[③]等预测网络舆情的动态发展模型，还有基于复杂网络[④]、扎根理论[⑤]、动机理论[⑥]以及信息生态理论[⑦]等分析舆情传播特征及影响。相关学者结合舆情传播的实际案例，构建了竞争性舆情的两阶段传播模型，通过仿真实验验证了传播模型的有效性，探讨开放和封闭 OSN 中舆论的传播规律[⑧]；基于系统动力学模型，构建了网络舆情传播系统的动态模型进行仿真分析，研究舆情事件、网络媒体、网民、政府与疫情公众传播的互动关系意见[⑨]；基于生命周期理论，构建恐怖事件背景下微博的影响预测模型，识别恐怖事件背景下高影响力的微博条目和话题，并理解其演变规律[⑩]。

---

① Zhao, J., et al., "Modeling and simulation of microblog-based public health emergency-associated public opinion communication", *Information Processing & Management* 59 (2), 2022 p. 102846.

② Zhu, H., et al., "Prediction of online topics' popularity patterns", *Journal of Information Science* 48 (2), 2022, pp. 141-151.

③ Wei, Z., He, M. S., "Influence of opinion leaders on dynamics and diffusion of network public opinion", *IEEE*, 2013, pp. 139-144.

④ Bin, S., Sun, G., "Research on the influence maximization problem in social networks based on the multi-functional complex networks model", *Journal of Organizational and End User Computing* 34 (3), 2022, pp. 1-17.

⑤ Lin, L., et al., "New media platform's understanding of Chinese social workers' anti-epidemic actions: An analysis of network public opinion based on COVID-19", *Social Work in Public Health* 36 (7-8), 2021, pp. 770-785.

⑥ Ye, P., Liu, L., "Factors influencing college students' behaviours of spreading internet public opinions on emergencies in universities", *Information Discovery and Delivery* 50 (1), 2021, pp. 75-86.

⑦ Luo, H., et al., "Rise of social bots: The impact of social bots on public opinion dynamics in public health emergencies from an information ecology perspective", *Telematics and Informatics* 85, 2023, p. 102051.

⑧ Liu, X., et al., "Research on the co-evolution of competitive public opinion and intervention strategy based on Markov process", *Journal of Information Science*, 2023, p. 01655515221141033.

⑨ Zhang, X., et al., "Internet public opinion dissemination mechanism of COVID-19: Evidence from the Shuanghuanglian event", *Data Technologies and Applications* 56 (2), 2022, pp. 283-302.

⑩ An, L., et al., "Prediction of microblogging influence and measuring of topical influence in the context of terrorist events", *ISSI*, 2019, pp. 2082-2087.

3. 社交网络舆情分析技术研究

随着社交网络舆情研究热度的攀升，国外已经出现大量的社交网络舆情研究方法和分析技术，在此基础上，关于社交网络舆情分析技术的研究主要围绕用户生成内容分析与创新、多模态融合模型建立、虚假信息检测等方面，应用技术重点倾向于卷积神经网络、深度学习、网络议程设置[1]以及其他方法。例如，收集有关紧急事件的公众舆论作为实验数据，通过舆情细粒度挖掘获取用户舆论极性，确定用户特征对公众舆论的影响[2]。Fan等在现有文本内容分析的基础上，使用改进的基于VGG16的预训练情感分析网络，将文本和视觉嵌入构建深度多模态融合模型（DMFM），并通过实证实验证明了模型的更优性能[3]。为解决虚假和欺骗性信息组成的新闻影响公众舆论和意识的问题，Goldani等提出具有边际损失和不同嵌入模型的卷积神经网络（CNN）用于检测假新闻，并将静态词嵌入与非静态词嵌入进行了比较，后者提供了在训练阶段逐步上行训练和更新词嵌入的可能性[4]。为解决图像处理软件伪造图像的问题，Ghai等提出一种基于深度学习的框架，检测使用复制移动和拼接技术伪造的图像，并通过社会文化领域的基准数据集验证框架的可行性和有效性[5]。

4. 非传统安全的社交网络舆情研究

非传统安全的社交网络舆情研究主要关注社交网络中与非传统安全相关的舆情信息，如恐怖主义、重大传染性疾病、机器人操纵内容、气候变化等。社交媒体的飞速发展催生了异常活跃的网络空间舆论场，以非传统安全事件为触发点和导火索，引起了网络舆情的快速蔓延和大规模扩散。

---

① Chen, A., Zhang, X., "Changing social representations and agenda interactions of gene editing after crises: A network agenda-setting study on Chinese social media", *Social Science Computer Review* 40 (5), 2022, pp. 1133-1152.

② Zhou, Q., Jing, M., "Multidimensional mining of public opinion in emergency events", *The Electronic Library* 38 (3), 2020, pp. 545-560.

③ Fan, T., et al., "Multimodal sentiment analysis for social media contents during public emergencies", *Journal of Data and Information Science* 8 (3), 2023, pp. 27-87.

④ Goldani, M. H., et al., "Convolutional neural network with margin loss for fake news detection", *Information Processing & Management* 58 (1), 2021, p. 102418.

⑤ Ghai, A., et al., "A deep-learning-based image forgery detection framework for controlling the spread of misinformation", *Information Technology & People* 37 (2), 2024, pp. 966-997.

例如，为解决英国公众因虚构的袭击照片而产生的一系列反应，Domínguez-Romero 将在线评论作为分析语料库，分析使用视觉证据的"外观"从而面向对象进行重新定位的策略①。Alasmari 等基于计划行为理论和创新扩散理论构建健康信息共享模型，探讨在社交媒体平台上分享 COVID-19 相关内容的行为意图及其影响因素②。Ross 等借鉴沉默理论和复杂的适应系统，将个人行为的经验证据转化为基于代理的模型，研究社交机器人对公众舆论的影响，该结果表明机器人在通信网络中的参与率仅为 2%~4%，就足以在大部分情况下颠覆舆论氛围③。

（二）国内社交网络舆情研究现状

1. 社交网络舆情用户行为研究

围绕社交网络舆情用户行为的研究，主要分为用户信息行为和用户情感两个方面。用户信息行为的研究主要是对网络舆情中用户接受、分享、传播等信息行为的影响因素、发生机理等进行建模或分析。例如，基于扎根理论研究范式，构建舆情平台中区块链技术对普通网民信息接受行为意愿的影响模型④；整合情绪反馈理论、人-环境交互假说和危机管理的四阶段生命周期模型构建概念模型，采用向量自回归模型与脉冲响应函数分析 EID 事件下网民人格特质对情绪与信息分享行为的动态调节作用机制⑤；在传统 SEIR 模型的基础上构建 SICR 模型，并利用短视频评论进行数据处理和仿真实验，验证模型的适用性⑥；整合现有理论分析视域，构建突发

①　Domínguez-Romero, E., "Reframing (inner) terror: A digital discourse-based approach to evidential repositioning of reader reactions towards visual reframing", *Profesional de la información* 29 (6), 2020, p. e290636.

②　Alasmari, H., et al., "Using two theories in exploration of the health information diffusion on social media during a global health crisis", *Journal of Information & Knowledge Management* 22 (2), 2023, p. 2250095.

③　Ross, B., et al., "Are social bots a real threat? An agent-based model of the spiral of silence to analyse the impact of manipulative actors in social networks", *European Journal of Information Systems* 28 (4), 2019, pp. 394-412.

④　郭苏琳等：《区块链技术对舆情用户信息接受行为意愿的影响研究》，《情报杂志》2020 年第 10 期。

⑤　许莉薇等：《EID 事件情境下情绪对信息分享行为的动态影响——人格特质的调节作用》，《信息资源管理学报》2023 年第 3 期。

⑥　王楠等：《基于博弈论视角的短视频用户信息传播模型及实证研究——以"钟薛高烧不化事件"为例》，《情报理论与实践》2023 年第 9 期。

事件中网民信息异化模仿行为的解释框架，探寻突发事件中网民信息异化模仿行为的发生机理①。用户情感的研究主要围绕情感分析和情感演化等方面。情感分析主要通过机器学习和深度学习等方法，对舆情事件中用户生成内容所包含的情感进行挖掘和分析。常用的机器学习和深度学习模型包括朴素贝叶斯模型②、LDA 主题模型③、长短期记忆网络④等。综合应用注意力机制和 LSTM 算法构建融合文本、语音、表情特征的多模态情感分析模型，并通过 MOSI 数据集验证模型有效性，进行用户情感体验度量⑤。情感演化是分析、处理、归纳和推理带有情感色彩的主观性文本，并基于情感态度和观点来分析情感在空间、时间上的演化规律⑥。边晓慧和徐童利用主题模型提炼潜在话题与关键词群，从全局视角和主题视角探究公众情感演进趋势，并使用社交传播模型描述公众情感的跨地域扩散⑦。

2. 社交网络舆情传播演化研究

社交网络舆情传播演化研究主要针对社交网络中舆情信息的传播过程及演化趋势进行深入分析和建模。国内学界对社交网络舆情传播演化的研究主要基于传播学⑧、演化经济学⑨和心理学⑩等领域的相关理论，利用深度

① 张玉亮、赵玉莹：《突发事件中网民信息异化模仿行为的类型及发生机理研究》，《情报杂志》2024 年第 3 期。

② 王晰巍等：《新冠肺炎疫情微博用户情感与主题挖掘的协同模型研究》，《情报学报》2021 年第 3 期。

③ 富子元等：《突发公共卫生事件下健康信息需求的主题与用户情感实证研究》，《晋图学刊》2023 年第 2 期。

④ 朱晓卉等：《基于微博核心实体的情感分析方法及引导机制研究》，《情报科学》2022 年第 3 期。

⑤ 赵杨等：《基于多模态情感分析的图书馆智能服务用户情感体验度量》，《情报科学》2023 年第 9 期。

⑥ 王晰巍等：《基于贝叶斯模型的移动环境下网络舆情用户情感演化研究——以新浪微博"里约奥运会中国女排夺冠"话题为例》，《情报学报》2018 年第 12 期。

⑦ 边晓慧、徐童：《重大突发公共卫生事件下的公众情感演进分析：基于新冠肺炎疫情的考察》，《数据分析与知识发现》2022 年第 7 期。

⑧ 王芳、王晴：《微博舆情的演化机理、价值特征与治理机制》，《情报杂志》2014 年第 1 期。

⑨ 曾赛等：《基于演化博弈和网络拓扑结构的改进 SIR 模型——以疫情舆情分析为例》，《井冈山大学学报》（自然科学版）2022 年第 2 期。

⑩ 刘泉等：《考虑反从众心理因素的微博网络舆情演化模型》，《情报科学》2020 年第 11 期。

学习①、机器学习②以及复杂网络③等技术，进行模型构建④、演化特征⑤、传播博弈分析⑥以及趋势预测⑦等方面研究。钟义勇等利用 Logistic 模型、ARIMA 模型和 LSTM 模型，学习舆情信息量的变化规律和线性关系，并提出了一种微博舆情信息量组合预测模型⑧。刘自强等以热搜数据为处理对象，基于 LDA 主题模型和情绪计算等方法对网络舆情热点话题演化特征进行系统性挖掘与可视化分析⑨。曾子明等基于 NetLogo 平台，提出了基于多 Agent 复杂网络的舆情演化模型框架并进行仿真实验，证明了理论模型和原型系统的可用性和有效性，并以"西安疫情"为实验数据源，提取事件情感因子、事件影响力、事件持续时间等多维属性特征，采用规则模板和语义聚类算法构建舆情事理图谱，从多维视角揭示舆情演化规律⑩。

3. 社交网络舆情分析技术研究

在深入研究社交网络舆情的过程中，国内涌现了众多的研究方法和分析技术，大体分为模型构建、分析方法和舆情识别等方面。网络舆情模型构建主要利用数学、物理学、机器学习和深度学习等方法，针对舆情事件数据进行建模分析。许烨婧等通过对当前舆情信息获取研究现状的综合分析，融合 DEMA-TEL、AHP、FMF 三种数理分析法进行模型构建并据此展开实证分析⑪。网络

---

① 曹树金、岳文玉：《突发公共卫生事件微博舆情主题挖掘与演化分析》，《信息资源管理学报》2020 年第 6 期。

② 王晰巍等：《突发公共卫生事件中公民隐私泄露舆情的情感演化图谱研究》，《情报理论与实践》2022 年第 3 期。

③ 刘小波：《基于 NetLogo 平台的舆情演化模型实现》，《情报资料工作》2012 年第 1 期。

④ 丛靖怡等：《基于信息交互视角的突发公共事件舆情反转治理路径研究》，《情报学报》2022 年第 6 期。

⑤ 于凯、杨富义：《社会安全事件网络舆情多属性演化分析与知识图谱构建》，《情报工程》2022 年第 4 期。

⑥ 邓建高等：《突发公共卫生网络舆情信息传播博弈分析》，《现代情报》2021 年第 5 期。

⑦ 马哲坤、涂艳：《国内外网络舆情研究热点及演化趋势分析》，《情报探索》2015 年第 7 期。

⑧ 钟义勇等：《基于 LAL 的微博舆情演化趋势预测与实证研究》，《情报探索》2023 年第 6 期。

⑨ 刘自强等：《多维度视角下我国网络舆情热点话题演化特征研究》，《情报科学》2024 年第 5 期。

⑩ 曾子明等：《面向突发公共卫生事件网络舆情的事理图谱构建及演化分析》，《情报理论与实践》2023 年第 8 期。

⑪ 许烨婧等：《多媒体网络舆情信息并发获取模型构建及实证分析》，《图书情报工作》2020 年第 23 期。

舆情分析方法主要基于机器学习、深度学习、文献计量学和心理学等方法，对舆情事件数据进行分析讨论。高影繁等结合科技文本的短语识别方法，通过突发事件典型特征词与科技类短语的联合检索，实现对突发事件舆情数据的客观描述，为台风眼效应中信息不对称问题的解决提供了新思路①。网络舆情识别研究主要运用深度学习、机器学习、几何建模和自然语言处理等方法，在大量信息中识别和区分舆情相关信息，通过分析舆情信息判断事件的走向和可能产生的影响。肖倩等利用卷积神经网络，提取热点舆情在社交网络中的多层次传播特征，结合主题分析模型设计热点舆情识别方法，利用舆情热度与其传播过程间的潜在关联摆脱对语义信息和社会网络信息的过度依赖②。伏虎则基于舆情数据库，以词汇情感倾向性为依据，对舆情话题评论情感呈现的强度值进行计算，完成舆情语义识别③。

4. 社交网络舆情研判预警研究

社交网络舆情研判预警是指通过对社交网络舆情数据的监测和分析，利用预警模型和指标，提前预警可能出现的公共事件和危机舆情，以便政府和公众采取相应的应对和管理措施，属于舆情管理的研究范畴。国内的相关研究主要围绕模型构建、指标体系和综述分析等展开。关于社交网络舆情研判预警的模型构建研究，主要涉及事理图谱④、知识图谱、Verhulst模型和灰色理论模型⑤等，结合 DEMATEL-ANP 两模型⑥、EGM 灰色系统理论⑦、三角模糊数和舆情数据的处理规则⑧等理论或处理方法。例如，在相关研究基础上，提出基于知识图谱的网络舆情研判系统模型，对网络舆

---

① 高影繁等：《台风眼效应中的突发事件舆情数据分析方法》，《情报工程》2020 年第 2 期。
② 肖倩等：《一种融合 LDA 与 CNN 的社交媒体中热点舆情识别方法》，《情报科学》2019 年第 11 期。
③ 伏虎：《多媒体网络突发事件舆情语义识别及危机响应研究》，《情报科学》2021 年第 5 期。
④ 周林兴、王帅：《事理图谱模型下的重大突发事件网络舆情诱发与缓释机理研究》，《图书情报工作》2023 年第 12 期。
⑤ 袁国栋：《网络舆情危机演变特征及其预警方案研究》，《现代情报》2021 年第 7 期。
⑥ 王华等：《网络舆情突发热点事件风险模糊综合评价研究》，《情报理论与实践》2023 年第 11 期。
⑦ 章留斌等：《基于社会安全阀的地方政务发布舆情预警模型研究》，《情报科学》2020 年第 4 期。
⑧ 刘文强：《移动社交网络次生舆情的动态预警方法研究》，《情报杂志》2020 年第 4 期。

情研判系统构建实践和应用进行探讨[①]；设计重大突发事件描述方法，经网络舆情泛化等步骤构建事理图谱模型，并进行三维动因分析和驱动传导路径提取，据此阐明诱发与缓释机理[②]。社交网络舆情研判预警指标体系主要应用包括模糊极值法、云重心法[③]、层次分析法[④]、文献调研和专家调查法[⑤]等。社交网络舆情研判预警的综述分析旨在从网络舆情特性与风险评价指标的角度归纳网络舆情预警的基础，总结当前网络舆情预警的研究进展与不足之处[⑥]。李慧和徐光辉据相关分析从高校图书馆网络舆情制度引导、高校图书馆网络舆情平台构建和高校图书馆网络舆情队伍建设三个维度构建了高校图书馆网络舆情引导策略[⑦]。

二　国内外网络谣言研究现状

(一) 国外网络谣言研究现状

1. 网络谣言检测与识别研究

国外学者在网络谣言检测与识别研究中主要倾向于采用深度学习方法，其中包括卷积神经网络（CNN）、长短期记忆网络（LSTM）以及深度神经网络（DNN）等，这些深度学习模型在网络谣言分析领域的应用已经成为解决谣言检测与识别问题的有效手段。具体而言，Singh 等通过深度学习方法设计了连续和离散时间的谣言检测和分析方法，分析谣言在连续和离散时间内的传播速率及基于上下文的极性[⑧]。Singh 等采用长短期记忆网

---

①　张思龙等：《基于知识图谱的网络舆情研判系统研究》，《现代情报》2021 年第 4 期。

②　周林兴、王帅：《事理图谱模型下的重大突发事件网络舆情诱发与缓释机理研究》，《图书情报工作》2023 年第 12 期。

③　徐佳雨、张敏：《基于模糊集值法和云重心法的网络舆情风险预警方法研究》，《情报探索》2021 年第 5 期。

④　蒋宇等：《面向舆情预测的突发事件首发信息风险评估研究》，《图书与情报》2016 年第 3 期。

⑤　杨小溪等：《基于信息生态理论的网络舆情预警评价指标体系研究》，《情报理论与实践》2021 年第 3 期。

⑥　迪路阳等：《网络舆情预警研究综述》，《数据分析与知识发现》2023 年第 8 期。

⑦　李慧、徐光辉：《融媒体时代高校图书馆网络舆情引导与干预策略研究》，《传媒论坛》2022 年第 18 期。

⑧　Singh, T., et al., "Rumor identification and diffusion impact analysis in real-time text stream using deep learning", *The Journal of Supercomputing* 80 (6), 2023, pp. 7993-8037.

络（LSTM）和注意力机制（Attention）提出基于注意力的 LSTM 模型，并结合 PSO 算法优化特征选取，使模型的性能得以提高[①]。同时，Kumar 等结合卷积神经网络（CNN）和双向长短期记忆网络（Bi-LSTM），并使用全局词向量表示（GloVe）构建语义词嵌入，建立了一种混合型深度学习模型用以解决讽刺语气的检测问题[②]。为充分利用社交网络事件的传播模式特征和文本内容特征的知识，Ye 等提出了一种基于深度神经网络（DNN）的特征聚合建模方法，该模型无需进行烦琐的特征工程和领域知识的先验[③]；为缓解资源利用不足的影响从而提高模型性能，Roy 等提出了一种高效的分离非重叠且全面详尽的 DNN 模型（SeNoCe），该模型无需依赖辅助信息，也避免了繁重的手动工作和高成本任务[④]。

2. 网络谣言传播模型优化研究

国外学者对于网络谣言传播模型的研究侧重于对 SIR 模型的优化，以深入研究官方辟谣信息、谣言延迟机制和反击机制等对谣言传播动态的影响。对于 SIR 模型的优化改进体现在运用数学方法及引入新的概念从而提升 SIR 模型性能。具体而言，在运用数学方法方面，Zhang 等通过构建非线性微分方程模型来描述谣言传播过程，从而提出了一种 SIR 模型的变体以探讨官方辟谣信息的数量和内容对谣言传播的影响[⑤]；Choi 等在 SIWR 模型基础之上，通过 SIR 模型的常微分方程建立新模型，附加传播者失去兴趣并停止传播的原则，用以探究互联网对谣言传播的影响[⑥]。在引入新的概念从而提升 SIR 模型性能方面，Hosseini 和 Zandvakili 通过在 SIRS 模

① Singh, J. P., et al., "Attention-based LSTM network for rumor veracity estimation of tweets", *Information Systems Frontiers*, 2020, pp. 1–16.

② Kumar, A., et al., "Sarcasm detection using soft attention-based bidirectional long short-term memory model with convolution network", *IEEE Access* 7, 2019, pp. 23319–23328.

③ Ye, A., et al., "An end-to-end rumor detection model based on feature aggregation", *Complexity* (1), 2021, p. 6659430.

④ Roy, S., et al., "Towards an orthogonality constraint-based feature partitioning approach to classify veracity and identify stance overlapping of rumors on twitter", *Expert Systems with Applications* 208, 2022, p. 118175.

⑤ Zhang, Y., et al., "The impact of official rumor-refutation information on the dynamics of rumor spread", *Physica A: Statistical Mechanics and Its Applications* 607, 2022, p. 128096.

⑥ Choi, S. H., Seo, H., "Rumor spreading dynamics with an online reservoir and its asymptotic stability", *Networks and Heterogeneous Media* 16 (4), 2021, pp. 535–552.

型中添加谣言延迟机制（潜伏期）和反击机制，提出易感-潜伏-感染-康复-易感-反击（SEIRS-C）模型[1]；Zhou 等通过引入延迟和分数阶反应扩散的特性，提出基于网络的延迟分数阶易感-感染-康复-易感（SIRS）反应扩散模型[2]；Ding 等通过引入免疫和中性的概念提出易感、免疫和中性（SIN）谣言扩散模型，用于描述谣言和反谣言的传播[3]；Şimşek 通过引入词法排序中心度（LSC），结合多种中心度量，使改进后的 SIR 模型在早期检测超级传播者方面相比于应用传统中心度量表现更优[4]。

3. 网络谣言中的用户行为研究

国外学者对网络谣言中的用户行为的研究主要围绕网民的心理动机[5]和个体特征展开，旨在深入挖掘二者如何作用于网络谣言的传播。Lin 等通过对网民心理动机方面的研究发现，网民对于社交、信息和地位需求的增加，提高了他们对网络谣言传播的意愿[6]，而 Borah 和 Lorenzano 的研究则表明自我感知媒体素养和反思性判断在网民参与网络辟谣行为中起到了至关重要的作用[7]。此外，Tan 和 Hsu 基于评价理论和心理距离概念分析得出，网民的情绪属性和心理距离与虚假新闻分享意愿之间存在复杂的关

---

① Hosseini, S., Zandvakili, A., "The SEIRS-C model of information diffusion based on rumour spreading with fuzzy logic in social networks", *International Journal of Computer Mathematics* 99 (9), 2022, pp. 1918–1940.

② Zhou, J., et al., "Pattern formation and bifurcation analysis of delay induced fractional-order epidemic spreading on networks", *Chaos, Solitons & Fractals* 174, 2023, p. 113805.

③ Ding, Q., et al., "Modeling and characterization of the detection and suppression of bogus messages in vehicular Ad Hoc networks", *IEEE Transactions on Mobile Computing* 22 (10), 2023, pp. 6027–6040.

④ Şimşek, A., "Lexical sorting centrality to distinguish spreading abilities of nodes in complex networks under the Susceptible-Infectious-Recovered (SIR) model", *Journal of King Saud University-Computer and Information Sciences* 34 (8), 2022, pp. 4810–4820.

⑤ Shen, Y. C., et al., "Why people spread rumors on social media: Developing and validating a multi-attribute model of online rumor dissemination", *Online Information Review* 45 (7), 2021, pp. 1227–1246.

⑥ Lin, T. C., et al., "Examining the antecedents of everyday rumor retransmission", *Information Technology & People* 35 (4), 2022, pp. 1326–1345.

⑦ Borah, P., Lorenzano, K. J., "Who corrects misinformation online? Self-perceived media literacy and the moderating role of reflective judgment", *Online Information Review* 48 (4), 2024, pp. 661–675.

系，受不同情境的影响而呈现多样化的表现①，Lordon Jr 等的研究则表明接收者心理因素决定其对于真实信息和谣言在分享行为上的差异②。基于社交网站上分享错误信息的行为应符合发布原创内容认知规范的假设，Marin 提出了一种非认识论的解释，指出明确分享意图和责任承担可能有助于减少错误信息的传播③。国外学者通过对网民个体特征方面的研究发现，网民的语言风格④、感知信息重要性能力⑤等会影响网民的谣言转发倾向。另外，不同国家的用户在信息共享和验证行为方面也存在显著差异⑥。Pal 和 Banerjee 通过在线实验分析，对用户接触到谣言和反谣言时的行为反应进行深入探讨，结果表明个体的风险倾向和对信息的事先认可度对于用户追随网络谣言和反谣言的意愿具有重要影响⑦。

4. 网络谣言治理研究

国外学者对于网络谣言治理主要采用传播反谣言和采取多样化干预手段来抑制社交网络中的谣言扩散的方法，并提出具有针对性的治理措施。在传播反谣言的研究中，Sun 等通过开发经验分析模型以测试谣言和反谣

---

① Tan, W. K., Hsu, C. Y., "The application of emotions, sharing motivations, and psychological distance in examining the intention to share COVID-19-related fake news", *Online Information Review* 47 (1), 2023, pp. 59-80.

② London Jr, J., et al., "Seems legit: An investigation of the assessing and sharing of unverifiable messages on online social networks", *Information Systems Research* 33 (3), 2022, pp. 978-1001.

③ Marin, L., "Sharing (mis) information on social networking sites. An exploration of the norms for distributing content authored by others", *Ethics and Information Technology* 23 (3), 2021, pp. 363-372.

④ Lotfi, S., et al., "Rumor conversations detection in twitter through extraction of structural features", *Information Technology and Management* 22 (4), 2021, pp. 265-279.

⑤ Oh, H. J., Lee, H., "When do people verify and share health rumors on social media? The effects of message importance, health anxiety, and health literacy", *Journal of Health Communication* 24 (11), 2019, pp. 837-847.

⑥ Sharma, A., Kapoor, P. S., "Message sharing and verification behaviour on social media during the COVID-19 pandemic: A study in the context of India and the USA", *Online Information Review* 46 (1), 2022, pp. 22-39.

⑦ Pal, A., Banerjee, S., "Internet users beware, you follow online health rumors (more than counter-rumors) irrespective of risk propensity and prior endorsement", *Information Technology & People* 34 (7), 2021, pp. 1721-1739.

言强度对谣言控制的影响①。同时，研究发现反思性判断对参与网络反谣言行为的个体至关重要，反思性判断较高的个体表示他们更愿意参与网络辟谣。Srinivasan 和 Babu 受群居昆虫免疫策略的启发提出了一种防御性谣言控制方法，即通过传播反谣言对在线社交网络中的用户进行干预②，Srinivasan 和 Dhinesh 基于社会免疫提出了一种反谣言传播方法来集体遏制谣言③。Parimi 和 Rout 提出建立基于优先级的竞争级联（PCC）模型，用于竞争谣言和反谣言级联的传播④。在采取多样化干预手段来抑制社交网络中谣言扩散的研究中，King 等通过建立 Twitter 虚假信息和更正信息之间竞争的理论模型，展示不同的干预措施对虚假信息的阻碍作用⑤。建立软谣言控制模型是抑制网络谣言传播的有效干预手段，通过增强人们对谣言的认知和意识，提出基于信息源的决策过程和进行反谣言宣传两种软谣言控制机制以说服用户避免传播谣言⑥；建立包含"选择顾问"方法的软谣言控制模型，通过咨询信任的朋友或询问权威机构有关谣言的信息，以避免谣言的迅速传播⑦。另有研究发现，格式会影响人们对信息的感知，为帮助人们及早发现假新闻并阻止其传播，警报和警告的设计需注意格式的设置⑧。

①　Sun, S., et al., "The moderation of human characteristics in the control mechanisms of rumours in social media: The case of food rumours in China", *Frontiers in Psychology* 12, 2022, pp. 1664–1078.

②　Srinivasan, S., Babu, D., "A bio-inspired defensive rumor confinement strategy in online social networks", *Journal of Organizational and End User Computing* 33 (1), 2021, pp. 47–70.

③　Srinivasan, S., Dhinesh, B. L. D., "A social immunity based approach to suppress rumors in online social networks", *International Journal of Machine Learning and Cybernetics* 12, 2021, pp. 1281–1296.

④　Parimi, P., Rout, R. R., "Genetic algorithm based rumor mitigation in online social networks through counter-rumors: A multi-objective optimization", *Information Processing & Management* 58 (5), 2021, p. 102669.

⑤　King, K. K., et al., "Dynamic effects of falsehoods and corrections on social media: A theoretical modeling and empirical evidence", *Journal of Management Information Systems* 38 (4), 2022, pp. 989–1010.

⑥　Sahafizadeh, E., Tork Ladani, B., "Soft rumor control in mobile instant messengers", *Physica A: Statistical Mechanics and its Applications* 609, 2023, p. 128359.

⑦　Askarizadeh, M., Ladani, B. T., "Soft rumor control in social networks: Modeling and analysis", *Engineering Applications of Artificial Intelligence* 100, 2021, p. 104198.

⑧　Sundar, S. S., et al., "Seeing is believing: Is video modality more powerful in spreading fake news via online messaging apps?", *Journal of Computer-Mediated Communication* 26 (6), 2021, pp. 301–319.

（二）国内网络谣言研究现状

1. 网络谣言检测与识别研究

国内学者在网络谣言检测与识别研究中主要倾向于采用深度学习方法，其中包括图神经网络（GNN）、Transformer 以及生成对抗网络（GAN）等，这些模型为提高谣言检测的准确性和时效性提供了有力的工具。具体而言，对于图神经网络在该领域的应用研究最为广泛，例如，郭秋实等为表达谣言在社交网络传播的异构图结构特征，提出了引入知识表示的图卷积网络谣言检测方法[1]。为实现具备可解释性的图神经网络模型，汪子航等在运用残差图卷积神经网络模型进行谣言识别的基础上，进一步训练基于掩码学习的图神经网络解释器，应用于谣言识别任务[2]。为提高社交媒体中谣言实时检测的准确率，王根生等提出了一种融合知识图谱的图注意力神经网络谣言实时检测方法[3]。为提高谣言检测的时效性，吴越等提出了基于 BiGAT 和 MlGAT 的并行图注意力网络的谣言检测方法 Parallel-GAT[4]。对于 Transformer 在该领域应用的研究体现在通过使用 Transformer 和 Multi-head 注意力来抽取网络舆情信息深层结构的复杂特征，并融合文档结构及上下文语义知识表征，以提高早期识别虚假网络舆情信息准确率，及时防止谣言的传播扩散上[5]。对于生成对抗网络在该领域应用的研究体现在以信息对抗机制为基础，提出对抗学习框架下的谣言检测方法，从而在提升谣言检测准确率的同时，增强模型对噪声信息的容抗性[6]。

2. 网络谣言传播模型优化研究

国内学者对于网络谣言传播模型的研究主要体现在 SIR 模型的优化上，

[1] 郭秋实等：《引入知识表示的图卷积网络谣言检测方法》，《计算机应用研究》2022年第7期。

[2] 汪子航等：《基于可解释图神经网络模型的社交媒体谣言识别研究》，《情报学报》2023年第11期。

[3] 王根生等：《一种融合知识图谱的图注意力神经网络谣言实时检测方法》，《数据分析与知识发现》2024年第6期。

[4] 吴越等：《ParallelGAT：网络谣言检测方法》，《情报杂志》2023年第5期。

[5] 丁浩等：《基于网络突发公共卫生事件早期谣言识别研究——以新冠疫情谣言为例》，《情报科学》2023年第4期。

[6] 朱贺：《融合信息对抗及混合特征表示的社交网络谣言检测方法》，《情报杂志》2024年第2期。

通过结合相关理论并考虑谣言的传播特性，对 SIR 模型进行改良从而提升模型性能。具体而言，在运用相关理论对 SIR 模型进行优化的研究中，采纳科学知识水平理论与网络谣言辟谣策略，基于 SIR 模型构建 SCNDR 网络谣言逆转系统动力学模型[①]；结合传播动力学理论，在 SIR 模型中加入移动社交网络用户数量等影响因子进行优化，构建移动社交网络谣言传播的参与群体动态演化模型[②]。对于谣言传播过程中的现象研究，杨仁彪和尹春晓考虑传播过程中的免疫逃逸效应，基于传统 SIR 模型提出改进的 IE-SICR 谣言传播模型[③]；张金鑫等针对造谣者传播手段和网络监管导控两方面改进传统的 SIR 谣言传播模型，提出 SInQR 网络谣言传播模型，并在无标度网络上进行仿真实验[④]。除此以外，研究人员还通过引入情绪因素对 SIR 模型进行了改良。例如，建立谣言和恐慌情绪并行传播的双传播模型，探究该模型中谣言和恐慌情绪各自的传播阈值以及它们的传播规律[⑤]；基于线性感染条件下的 SIRS 模型，探索微博社区网民情绪感染的演化路径[⑥]。

3. 网络谣言中的用户行为研究

目前国内舆情事件频频爆发，社会化媒体用户大量参与转发是引爆舆情的直接因素[⑦]。国内学者对网络谣言中用户行为的研究主要从用户自身出发，探讨网民涉入度、关系、感知等因素对于谣言接受和分享意愿等方面的影响，以及网络谣言和用户情感的相互作用。在用户对网络谣言接受

① 王晰巍等：《突发公共卫生事件下网络谣言传播逆转模型及仿真研究》，《图书情报工作》2021 年第 19 期。

② 顾秋阳等：《融入改进 SIR 模型的移动社交网络谣言传播用户群体动态演化仿真研究》，《情报科学》2019 年第 10 期。

③ 杨仁彪、尹春晓：《社交平台视域下考虑免疫逃逸效应的谣言传播与管控模型研究》，《情报科学》2024 年第 1 期。

④ 张金鑫等：《具有多个传播源的网络谣言传播与导控模型研究》，《情报科学》2020 年第 11 期。

⑤ 王佳佳、邱小燕：《网络谣言与恐慌情绪并行传播相互影响研究》，《情报杂志》2021 年第 4 期。

⑥ 万立军等：《基于 SIRS 模型的微博社区舆情传播与预警研究》，《情报科学》2021 年第 2 期。

⑦ 余红、马旭：《社会表征理论视域下网络公共事件的共识达成机制研究——以"电梯劝烟猝死案"的社交媒体讨论为考察对象》，《情报杂志》2019 年第 8 期。

的研究中，周知等通过构建网络谣言接受影响因素模型分析得出，认知结构、个人情绪、因果推测是用户谣言接受的内部直接影响因素，信息属性、来源渠道、社群因素是外部直接影响因素①。王巍通过构建基于 ELM 模型的虚假社会新闻接受模型分析得出，涉入度高、能力较低、存在主观倾向的网络用户在面对虚假社会新闻的时候更难识别其真实性，易持有信任态度以及产生分享扩散行为②。在用户分享意愿的研究中，国内学者基于机器学习分类算法对健康谣言分享意愿进行建模与分析发现，网民对健康谣言的感知性特征与其分享意愿间具有强相关性③；而社会化媒体中的网络谣言更容易被转发，原因在于强关系提高了受众对谣言的感知可信度④。邓胜利和付少雄通过情境实验与访谈法分析得出，社交媒体谣言附加信息的三个维度中仅有认证这一维度会对用户的分享意愿产生显著影响⑤。在网络谣言和用户情感相互作用的研究中，邓春林和刘晓晴立足于信息生态视角，构建重大突发事件社交媒体用户情感体验影响因素指标体系，得出网络谣言状态是影响社交媒体用户情感体验的关键因素之一⑥。陈娟等通过构建多元 Logistic 回归模型分析得出，用户对政府辟谣信息表现出不同的情感倾向，中性情感倾向用户比重最小，消极情感用户和积极情感用户占比接近⑦。

4. 网络谣言治理与管控研究

我国高度重视网络生态治理工作，多次强调加强网络空间治理的重要性，大量谣言充斥在网络空间中，对社会和人民生活产生了不利影响，因此对网络谣言的治理刻不容缓。国内学者对于网络谣言治理的研究主要聚

---

① 周知等：《认知失调背景下数字原住民网络谣言接受影响因素研究》，《情报理论与实践》2024 年第 3 期。
② 王巍：《网络用户对虚假社会新闻的态度及行为：基于 ELM 模型的实证分析》，《情报科学》2021 年第 12 期。
③ 位志广等：《基于随机森林的健康谣言分享意愿研究》，《现代情报》2020 年第 5 期。
④ 唐雪梅等：《社会化媒体用户信息转发的研究述评》，《情报杂志》2022 年第 7 期。
⑤ 邓胜利、付少雄：《社交媒体附加信息对用户信任与分享健康类谣言的影响分析》，《情报科学》2018 年第 3 期。
⑥ 邓春林、刘晓晴：《重大突发事件中社交媒体用户情感体验关键影响因素识别研究》，《情报科学》2023 年第 9 期。
⑦ 陈娟等：《政府辟谣信息的用户评论及其情感倾向的影响因素研究》，《情报科学》2017 年第 12 期。

焦于辟谣、博弈演化视角等方面，以提供有针对性的治理和应对策略。我国网络辟谣研究重点关注辟谣意愿、辟谣信息以及谣言治理等。例如，采取社会网络分析法，从社会资本的三个维度（结构型社会资本、关系型社会资本与认知型社会资本）出发，探讨社会资本对用户在线健康辟谣意愿的影响①；建立基于相位干扰探索突发事件社交网络辟谣信息回波损耗与互感耦合机制，从相位干扰抑制视角制定突发事件社交网络辟谣信息传播效果的提升路径及优化策略，以便有效地对突发事件谣言进行监控及治理②；基于信息生态理论视角，从信息人、信息、信息环境和信息技术四个维度构建社交网络谣言辟谣效果评价指标体系，为辟谣平台更好地提升辟谣效果提供一定的指导，协助舆情监管部门进一步净化网络空间③；考虑外界随机因素的影响和不同信息主体间策略选择的依赖性，建立 Stackelberg 主从博弈和合作博弈随机微分模型，为联合辟谣主体做出科学决策提供理论依据④；基于整合 S-O-R 理论模型和 MOA 理论，构建用户辟谣信息传播意愿影响因素模型，旨在分析影响用户辟谣意愿的关键因素，以便更有效地制定辟谣策略并提升辟谣效果⑤。国内学者基于演化博弈方法，从不同的主体视角出发建立博弈模型对网络谣言进行研究并提出针对性的治理对策。例如，邓建高等通过分析谣言类舆情信息传播过程中信息生产者、信息传递者和信息分解者三类博弈主体的损益情况，建立"三方演化博弈"模型，得出影响突发公共卫生网络舆情信息传播的关键因素为信息质量和信息生产者惩罚力度⑥；杨洋洋和谢雪梅基于政府、媒体、网民三元主体交互的视角，构建网络谣言监管的博弈模型，得出网民监管参与度、初始监管成本变化以及政府奖励变化对媒体博弈策略的影响

① 陈梁等：《基于社会网络分析的用户在线健康辟谣意愿研究——社会资本与独立型自我构念的作用》，《情报杂志》2023 年第 12 期。
② 阳长征：《社交网络中辟谣信息回波损耗与互感耦合研究》，《情报杂志》2023 年第 5 期。
③ 王晰巍等：《突发公共事件下社交网络谣言辟谣效果评价及实证研究》，《情报理论与实践》2022 年第 12 期。
④ 滕婕等：《信息共享行为下基于随机微分博弈的辟谣效果预测研究》，《情报科学》2022 年第 6 期。
⑤ 王晰巍等：《突发公共卫生事件用户辟谣信息传播意愿研究》，《现代情报》2022 年第 1 期。
⑥ 邓建高等：《突发公共卫生网络舆情信息传播博弈分析》，《现代情报》2021 年第 5 期。

程度较大①；莫祖英等通过构建社交媒体虚假信息自净化的三方动态博弈模型，探索社交媒体虚假信息自净化的最优博弈演化路径，据此得出知情者和意见领袖二者之一参与净化过程即可实现虚假信息自净化②。

三 研究现状述评

通过对国内外研究现状的文献梳理和归纳可以看出，国内外社交网络舆情研究和网络谣言研究在研究主题、内容和方法上既有相似之处，也存在显著差异。总体的研究述评如下。

第一，社交网络舆情分析的大体分类相似，但不同方向的侧重有所不同。国外研究致力于钻研社交网络中出现的不同用户行为产生机理及作用方式，以实证研究为出发点，将数据应用于模型构建以及创新算法等方面，而国内研究则关注用户在社交网络中行为的关联演化和因素探索，常以热点事件为切入点，结合数据收集和模型分析进行深入研究。在社交网络舆情传播演化方面，国外研究以模型及框架构建为主，探索演化影响因素，涉及机器学习和深度学习等方法，而国内研究则重点在各类演化分析及图谱构建上，应用深度学习、机器学习以及仿真软件等多种模型及算法，进行仿真实验或采集热点事件数据进行多维演化分析，但技术应用深度较弱于国外研究。在社交网络舆情分析技术方面，国外研究重点关注技术应用，旨在围绕经典模型或算法进行创新及构建，应用技术重点倾向于卷积神经网络、深度学习、网络议程设置及其他方法，重点偏向技术方面而对理论方面缺少延伸，国内研究针对网络舆情分析具有相当广泛的延伸，涉及谣言识别、情报支持路径、语义识别、可视化、聚类研究、关键节点挖掘、舆情识别和知识组织方法研究等方面，但针对技术方面的创新能力不足，重点在算法及模型的应用上。除此之外，国外的舆情研究更关注特殊话题的舆情研究，在涉及突发公共卫生事件等敏感话题的基础上，考虑政治、种族、国际政治局势等方面的应对与发展，而国内学者在进行

① 杨洋洋、谢雪梅：《三元主体交互视角下网络谣言监管的博弈演化研究》，《现代情报》2021 年第 5 期。

② 莫祖英等：《突发公共事件下社交媒体虚假信息自净化动态博弈模型演化分析》，《情报杂志》2023 年第 9 期。

舆情研究时所选取的舆情话题基本围绕高校、食品安全、自然灾害、公共卫生事件等展开，侧重点在网络舆情的研判预警方面。

第二，社交网络舆情研究成果的落脚点存在差异。国外学者更倾向于技术驱动的创新，在社交网络舆情分析技术上进行突破和创新，如利用机器学习、自然语言处理等技术进行深度分析和挖掘，侧重于定性和定量分析的内在机理剖析以及在传统网络算法基础上的技术创新，这种倾向源于西方学术界和产业界对技术创新的重视，以及对数据驱动决策的偏好。相比之下，国内研究更强调实际应用价值，研究成果主要集中在对社交网络舆情的用户行为产生机理、情感动因分析、传播演化特征趋势、舆情模型构建及识别等研究问题进行归纳并得出结论上，目的是给相关监管部门和其他涉及主体提供舆情应对、引导、治理、监控、预警等启示和建议，或者直接以各种舆情治理和引导策略为研究内容和对象，为舆情治理与引导策略的创新和转型提供方向与建议。国内的研究不仅从独特的视角提出问题并进行深入分析，还进一步逆向思考，提出应对策略和方法。国内外研究的政策导向和应用目标也存在差异。国外研究的政策背景相对宽松，更多强调个体权利和自由表达，研究目标主要集中在理论创新和技术突破上。而国内研究则更加紧密地结合国家政策和现实需求，旨在为政府决策和社会治理提供科学依据和技术支持。这种差异源于国内外舆情管理的基本国情和政策存在的明显不同，因此相关研究成果的应用方向也存在明显差异。

第三，网络谣言研究在国内外展现出共同的研究主题，但在方法和内容上存在显著差异。国内外共同关注的研究主题主要包括网络谣言检测与识别、网络谣言传播模型优化、网络谣言中的用户行为研究以及网络谣言治理。在网络谣言检测与识别方面，国内外学者均倾向于运用深度学习方法，但采取的深度学习方法不尽相同。国外学者主要采用卷积神经网络、长短期记忆网络以及深度神经网络等；国内学者主要采用图神经网络、Transformer 以及生成对抗网络等。在网络谣言传播模型优化方面，国内外学者均注重对 SIR 模型的优化从而提升模型性能。国外学者运用数学方法及引入新的概念从而提升 SIR 模型性能；国内学者通过结合相关理论并考虑谣言的传播特性，对 SIR 模型进行改良。在网络谣言中的用户行为研究方面，国外学者侧重于围绕网民的心理动机和个体特征展开，旨在深入挖掘二者如何作用于网络谣言的传播；国内学者则主要从用户自身出发，探讨网民涉入度、关系、感知等因素对于谣言接受和分享意愿等方面的影响，以及网络谣言和用户情感的相互作用。在网络谣言治理方面，国外学者对于网络谣言治理主要采用传播反谣言和采取多样化干预手段来抑制社交网络中的谣言扩散的方法，提出了具有针对性的治理措施。相对地，国内学者的研究则主要聚焦于辟谣、博弈演化视角等方面，以提供有针对性的治理和应对策略。这些差异反映了不同学者对于网络谣言问题关注角度的多样性，为全球范围内的网络谣言研究提供了不同的视角和思路，有助于更全面地了解网络谣言，以应对网络谣言的挑战。

第四，网络谣言研究成果的落脚点存在差异。由于国内外对于网络谣言治理的国情和政策的差异，相关研究成果的应用方向也存在明显的差异。国外网络谣言研究的落脚点体现在充分发掘社交媒体在网络谣言中的角色，通过创新方法提高谣言检测准确性，深入研究谣言传播模型，通过引入新的理论或变量、调整模型参数等，对方法的准确率、模型的性能等进行提升以达到更好的反谣言效果。相比国外研究，国内网络谣言研究的落脚点主要是服务于国家相关部门的网络谣言治理与管控，关注用户行为、分享意愿、情感体验等。学者通过深度学习等方法研究网络谣言传播机制，提供阻断传播的建议。此外，从不同的主体视角出发建立博弈模型对网络谣言进行研究，并提出针对性的治理对策。

第五，国内外对网络谣言的研究正呈现多学科理论与方法融合的趋势。学者在这一领域广泛应用数学、传播学、图书情报学、社会学、心理学、计算机科学与技术等多学科研究方法、理论和模型。尽管这些学科方法在网络舆情研究中得到广泛应用，但目前的研究成果显示，对多学科成果进行实质性、有效融合的研究仍相对有限，缺乏智能化的舆情研究方法。随着社会逐步进入人工智能时代，网络谣言相关研究需不断探索和运用更为先进、智能的科学方法。通过创新组织，融合多学科的理论、方法和知识，推动网络谣言研究进入新的发展阶段，从而引领网络谣言治理取得更显著的成果。

综上，通过对比国内外社交网络舆情和网络谣言的研究现状可以看出，融合多种方法与理论对网络谣言进行研究是重要的发展趋势，同时，为我国舆情监管与治理提供建议和参考是进行网络谣言研究的重要目的。国内网络谣言的研究目前已进入了稳步发展阶段，但在已有的研究中，基于信息生态理论面向特定类型的网络谣言进行的研究还存在较大的探索空间。因此，结合中国社会情境和文化内涵，进一步对网络谣言的细分领域开展研究，更深入地把握各类网络谣言特有的形成机理和传播规律，具有一定的理论创新性和实践价值。在此基础上，以信息生态系统为基础对特定类型的网络谣言提出针对性的治理策略，具有重要的实践意义。

第三节 研究内容与方法

一 研究内容

本书基于信息生态理论研究信息生态视角下社交媒体平台网络谣言甄别与组态路径，以微博平台为例，分别获取"重庆大巴坠江·非女司机逆行导致""塑料大米"等网络谣言话题，对社交媒体平台网络谣言主题关系、源头甄别以及组态路径进行实证研究。首先，在第三章基于信息生态理论分析社交媒体平台网络谣言传播机理，指出信息生态三要素为信息人、信息和信息环境，构建了全书的核心理论研究框架。其次，第四章至第六章分别以信息人、信息和信息环境为理论基础，研究社交媒体平台网络谣言主题关系、源头甄别以及组态路径，为第七章提供理论指导。最后，第七章基于前述分析结果提出社交媒体平台网络谣言治理策略，是全书在实践层面的落脚点。

本书主要内容如下。

第一章网络谣言扰乱舆情环境。本章首先指出本书的研究背景和意义，其次对社交网络舆情和网络谣言国内外研究现状进行阐述及评述，最后介绍本书的研究内容、研究方法、研究对象。

第二章相关概念及理论基础。本章是全书的理论研究基础，主要包括：第一，社交网络舆情的相关概念，即社交网络舆情的内涵、社交网络舆情的特征和社交网络舆情演化过程；第二，网络谣言的相关概念，即网络谣言的内涵、网络谣言的类型和网络谣言传播特征;第三,信息生态的相关理论,即信息生态的内涵、信息生态系统、信息生态因子和信息生态链。本章为第三、第四、第五、第六、第七章提供理论支撑。

第三章社交媒体平台网络谣言传播机理。基于信息生态理论对社交媒体平台网络谣言传播的信息生态要素进行分析,提出网络谣言传播主体、网络谣言传播客体以及网络谣言传播环境三个要素,并确定社交媒体平台网络谣言传播生态要素模型、分析网络谣言运行机理和演化模式、对社交媒体平台网络谣言传播动机与动力进行分析,认为传播动机包括内在动机和外部诱因,传播动力包括内在动力与外在动力,并分别提出社交媒体平台网络谣言传播动机模型与传播动力模型。

第四章社交媒体平台网络谣言意见领袖主题关系研究。本章基于信息人理论,结合知识图谱和 Neo4j 构建社交媒体平台网络谣言意见领袖主题图谱,并对其实体及用户关系进行分析,确定意见领袖的关系路径分析参数。本章以"重庆大巴坠江·非女司机逆行导致"网络谣言话题为例,以微博平台上相关转发、评论数据为数据源进行实证分析。首先构建网络谣言意见领袖主题图谱的实体及用户关系,确定意见领袖的关系路径分析参数;其次使用开源知识图谱工具 Neo4j 对数据进行主题图谱构建,利用 Cypher 语言对意见领袖的传播效率、传播路径和关键节点影响力进行分析。本章主要研究社交媒体平台网络谣言传播中的信息人,本章与第五、第六章相呼应,为第七章社交媒体平台网络谣言治理策略提供理论支撑。

第五章社交媒体平台网络谣言甄别及仿真研究。本章基于信息理论,运用区块链技术和 UML 图形构建社交媒体平台网络谣言甄别模型,并进行仿真研究。本章以"塑料大米"网络谣言话题为例,以微博平台上相关转发、评论数据为数据源进行仿真分析。根据语义距离划分真实话题节点与谣言话题节点,通过仿真实验对基于区块链的网络谣言甄别模型进行验证及分析,运用区块链的特点追溯网络谣言源头并对网络谣言进行甄别。仿真实验以评论数据为载体验证了模型在控制谣言传播方面的有效性。本章主要研究社交媒体平台网络谣言传播中的信息,与第四、第六章相呼应,为第七章社交媒体平台网络谣言治理策略提供理论支撑。

第六章社交媒体平台网络谣言组态路径研究。本章基于信息环境的相关理论，构建社交媒体平台网络谣言形成路径分析框架，并结合30个微博热点网络谣言事件，提取媒体报道偏差、政府信任度优化、网民认知偏差、平台管控、话题敏感度、信息传播形式、信息模糊性7个条件变量，采用模糊集定性比较分析法中的"四值模糊集校准法"和"均值锚点法"对数据进行校准。使用 fsQCA3.0 软件构建真值表，探究网络谣言的组合逻辑和形成路径。本章主要研究社交媒体平台网络谣言传播中的信息环境，与第四、第五章相呼应，为第七章社交媒体平台网络谣言治理策略提供理论支撑。

第七章社交媒体平台网络谣言治理策略。本章基于第四、第五、第六章的分析内容提出社交媒体平台网络谣言治理策略。本章首先从互联网及社交媒体平台网络谣言生态性的角度提出挑战及目前存在的问题。其次从信息人的角度提出社交媒体用户关系认同的治理策略，包括建立意见领袖的沟通机制、完善用户类型化管理和发挥主流媒体的作用；从信息的角度提出社交媒体追溯网络谣言源头的治理策略，包括加强权威节点的建立与优化信息验证流程、优化信息相似度计算方法提高谣言识别精确度和引入社区治理机制促进用户参与谣言识别；从信息环境的角度提出社交媒体多元主体协同的治理策略，包括增强媒体责任感与提升报道质量、提升政府公信力与信息发布及时性和加强平台监管与社区协同治理等方面进行阐述。

第八章研究结论与展望。本章对全书的研究内容进行总结，首先基于核心章节阐述本书的研究结论，其次总结本书的创新点，最后提出研究局限及展望。

本书的研究技术路线如图1-1所示。

二 研究方法

本书主要采用五种研究方法。

（一）文献分析法

本书应用文献分析法归纳总结国内外学者关于社交网络舆情和网络谣言的研究成果；对相关概念及理论如社交网络舆情、网络谣言以及信息生态进行介绍，在厘清研究脉络并进行系统分析的基础上展开第三章传播机

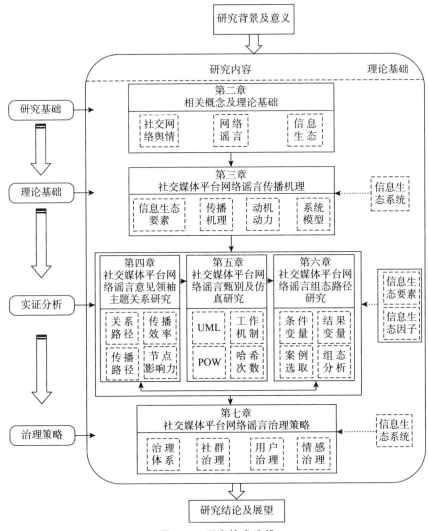

图 1-1　研究技术路线

理研究，同时为其他章节的模型构建提供理论支撑。

（二）实证研究法

本书第四、第五、第六章通过采集微博网络谣言"重庆大巴坠江·非女司机逆行导致""塑料大米"等话题数据，以 Python 接入微博 API 开放平台的方式获取社交媒体平台网络舆情用户转发、评论和用户个人资料等数据信息，运用 Access、Excel、UltraEdit、Neo4j、fsQCA3.0 等软件，对社交媒体平台网络谣言主题关系、源头甄别以及组态路径等方面进行研究。

（三）知识图谱

本书第四章运用知识图谱技术，明确社交媒体平台网络谣言意见领袖主题图谱构建框架，以结构化的形式描述微博"重庆大巴坠江·非女司机逆行导致"网络谣言话题下的用户实体、关系和属性，使用 Cypher 语言对意见领袖的传播效率、传播路径和关键节点影响力进行分析，对社交媒体平台网络谣言中的用户主题进行细粒度的语义理解。

（四）区块链

本书第五章运用区块链技术中的去中心化的可信任机制，并利用区块链中的工作量证明机制和可追溯性，来追溯谣言信息的源头和辨别网络传播信息的真伪。在原有社交媒体平台的基础上进行区块链重构，有效地利用原有平台的身份验证信息。利用区块链属性中的 BlockNo 来证明用户的身份；hash 用来检验该区块是否可靠；next 为指向下一个区块的指针，使得区块与区块之间像链子一样串联起来；previous_ hash 为指向前一个区块链哈希值的指针；timestamp 用于表示存储节点的时间信息；data 表示用户的评论信息，评论信息的发布则表示接入区块链的过程；difficulty 这一"挖矿"难度表示其接入区块链中的难易程度，并利用相似度函数来动态调节"挖矿"难度。通过构建区块链的社交媒体平台网络谣言甄别模型，形成网络谣言自净和可追溯机制。

（五）模糊集定性比较分析法

本书第六章结合 30 个微博热点网络谣言事件，提取媒体报道偏差、政府信任度优化、网民认知偏差、平台管控、话题敏感度、信息传播形式、信息模糊性 7 个条件变量，采用模糊集定性比较分析法中的"四值模糊集校准法"和"均值锚点法"对数据进行校准。使用 fsQCA3.0 软件构建真值表，探究社交媒体平台网络谣言的组合逻辑和形成路径。

三　研究对象

当下，以微博为代表的社交媒体平台正发挥着其媒介属性的优势。网络舆情是民众借由互联网表达的价值观点与情感倾向的总和，反映了民意与社情所关注的焦点①。社交网络提升了网民参与网络舆情事件监管的积极性，对网络信息环境安全以及现实社会稳定产生了重要影响。网络舆情聚集了众多网民的参与互动，网络谣言一旦由某种诱因触发，网络舆情将如同病毒扩散一般快速触达互联网的各个角落②。

（一）社交媒体平台的选择

在众多的社交媒体平台中，微博是其中最大的中文社交媒体平台。根据微博 2023 年第三季度财报，2023 年 9 月微博月活跃用户达到 6.05 亿人，同比净增约 2100 万人，日活跃用户达到 2.60 亿人，同比净增约 800 万人③。以微博为代表的社交媒体平台对社会热点事件的传播和报道，能够还原事实真相，满足民众的知情需求。

（二）社交网络舆情类型的选择

面对突发事件或社会热点事件等的刺激，人们会主动或被动地接收到信息，形成独特的网络舆情环境。而信息容易在互联网的传播过程中失真，使社交媒体平台成为网络谣言传播与扩散的"土壤"，产生"蝴蝶效应"，造成焦虑和恐慌，引发信息次生危机，威胁信息生态环境和现实社会的和谐健康发展。

（三）社交网络舆情要素的选择

社交网络舆情要素主要包括舆情人物、舆情事件和舆情媒介④。社交网络舆情主要体现在舆情人物在一定的舆情事件中通过某一舆情媒介而发表的看法和观点，深度剖析与挖掘舆情人物在舆情事件中的社群关系、身份认定以及情感演化，对于相关舆情监管部门制定相应的治理策略有着积极作用。本书通过选取微博舆情媒介中的网络谣言话题事件，对舆情人物做出的转发、评论信息进行相关细节研究。

---

① 崔鹏等：《突发公共事件网络舆情演化及政府应对能力研究》，《现代情报》2018 年第 2 期。
② 谭雪晗等：《基于 SNA 的事故灾难舆情关键用户识别及治理》，《情报学报》2017 年第 3 期。
③ 《微博公布 2023 年第三季度未经审计财务业绩》，新浪网，2023 年 11 月 9 日，https://finance.sina.com.cn/stock/usstock/c/2023-11-09/doc-imztzksh0045805.shtml。
④ 黄微等：《大数据环境下多媒体网络舆情传播要素及运行机理研究》，《图书情报工作》2015 年第 21 期。

（四）微博舆情话题的选择

本书以微博网络谣言"重庆大巴坠江·非女司机逆行导致""塑料大米"等话题为例，分别在第四、第五、第六章中进行实证分析。选择此类话题的原因，首先，在大量网络谣言信息交互和传播过程中，舆情监管部门如何快速找到舆情事件传播中的关键人物并针对舆情事件进行引导，具有深层挖掘与研究意义；其次，此类舆情信息作为热点网络谣言话题，引发了广泛的舆论关注，数据量充足且方便采集；再次，此类话题本身的维度空间复杂，简单的自然语言处理方式不足以实现对网络谣言发布者的追溯；最后，探究社交媒体平台网络谣言的组合逻辑和形成路径对舆情监管有着重要的现实意义。

因此，本书选取微博作为社交媒体平台的代表，选择微博舆情用户发布的关于网络谣言事件"重庆大巴坠江·非女司机逆行导致""塑料大米"等话题的转发、评论信息以及相关案例作为研究对象，对社交媒体平台网络谣言主题关系、源头甄别以及组态路径等方面进行深层剖析。

第二章　相关概念及理论基础

第一节　社交网络舆情的相关概念

一　社交网络舆情的内涵

舆情是指民众以媒体为载体反映社会中客观现实的动态过程，是个人以及公众关于公共事务的情绪、意愿、态度和意见的总和。舆情代表了社会生活中民意情况的情绪反应，即公众对社会生活中遇到的问题，特别是热点问题所产生的情感倾向①。区别于报纸杂志、广播及电视等传统媒体，社交网络被称为"第四媒体"，是一种新型的信息传播途径。信息传播的形态以微博、微信、论坛、博客等为主，形成了以客户为节点的去中心化传播方式，打破了传统的广播式传播方式，更加注重时效性与互动性，这也使得社交网络成为舆情传播及扩散的重要平台②。

社交网络舆情作为社会舆论的一种表现形式，是指公众通过社交媒体平台对一些社会热点话题、焦点事件以及突发问题所发表态度及观点的集合③。社交网络舆情是以网络为载体、话题事件为核心，众多舆情用户所倾向于表达的情感观点、喜好厌恶、态度意见的总和。社交网络舆情集中

---

① 王晰巍等：《新媒体环境下社会公益网络舆情传播研究——以新浪微博"画出生命线"话题为例》，《数据分析与知识发现》2017年第6期。

② 王林等：《社交媒体中突发公共卫生事件舆情传播与演变——以2018年疫苗事件为例》，《数据分析与知识发现》2019年第4期。

③ 朱晓霞等：《基于动态主题—情感演化模型的网络舆情信息分析》，《情报科学》2019年第7期。

展现了网民集中关注的社会热点。突发事件和公共安全事件等重大的网络舆情事件，使民众深刻地认识到网络所起到的社会监督作用①。

二　社交网络舆情的特征

本书结合社交网络的特点以及网络舆情的发展变化，认为社交网络舆情具有以下特征。

（一）信息量大、互动性高、即时性强

社交媒体平台的最大价值在于促进了信息的传播，并且通过平台的评论、转发以及点赞机制保障了用户信息行为的交互性，从而促进了普通网民与政府、媒体、意见领袖等不同角色之间的多层次、多维度的舆情互动②。舆情用户不仅仅能作为舆情传播的一般受众，更能充当网络舆情信息的次级生产者，在舆情的传播中起到重要的推动作用。

（二）速度快、波及广、影响大

信息通过社交网络在短时间内传播到广大的受众，众多舆情用户在单位时间内快速聚集，共同关注、参与、分享、传播同一热点话题或网络事件，发布大量的信息。社交网络将原本分散的舆情节点串联起来，在极短的时间内聚合成一致性的舆情空间，形成有效的信息传播网络，且通过不断的舆情更新保障了舆情的即时性③。社交媒体网络舆情受到意见领袖和具有高影响力的舆情用户的引导和影响，一些舆情用户的言论和行为也会对整个舆情发展产生重大影响。

（三）网络谣言"病毒式传播"呈现几何级裂变

一旦网络谣言在社交网络中出现，舆情用户就会迅速将其分享、转发，导致网络谣言在短时间内覆盖大量舆情用户。社交媒体网络舆情借助互联网渠道，通过逐级传递的方式不断"感染"周围的舆情用户，形成一

①　凌晨等：《基于 SOAR 模型的高校网络舆情应急响应研究》，《情报科学》2019 年第 9 期。
②　刘继、李磊：《基于微博用户转发行为的舆情信息传播模式分析》，《情报杂志》2013 年第 7 期。
③　马捷等：《社会公共事件网络信息生态链模型与优化策略》，《图书情报工作》2014 年第 16 期。

定数量的"感染者",引发"病毒式传播"①。网络谣言的"病毒式传播"利用了社交网络中的网络效应,每个舆情用户都可以迅速将信息传播给其关注者,而这些关注者又可以进一步传播给他们的关注者,以此类推。这种网络效应使得信息传播呈现指数级增长,形成几何级数的扩张。

（四）传播路径的多元化与复杂性

社交媒体网络舆情的传播路径日益多元化,从传统媒体到社交媒体平台,信息的传递渠道愈加广泛。这种多元通道的传播方式不仅加快了网络谣言的传播速度,也影响着网络谣言下的舆情形成和演变过程。网络谣言的传播通常源于多个用户或多个社交媒体平台。一条网络谣言可能同时在不同的社交网络上产生,这使得其传播路径在最初阶段就变得多元化。由于多元化的传播路径和社交网络的不确定性,信息在传播过程中的扩散路径变得不可预测,这增加了阻止网络谣言传播的难度,同时也提高了信息传播的风险。

三 社交网络舆情演化过程

社交网络舆情演化过程是指在社交媒体网络舆情传播发展过程中,舆情用户所参与讨论的热点话题以及所要表达出的情感倾向的演变过程。社交网络舆情具有一定的生命周期,遵循一定的内在规律从生成直至消亡。"从摇篮到坟墓"是整个过程的形象比喻。生命周期具有狭义和广义之分。狭义的生命周期指生物学中个体生命从出生到死亡的全部过程。而广义的生命周期泛指社会中各种客观事物的阶段性变化规律,目前已被广泛应用于政治、经济、历史、科技等诸多领域。生命周期理论的重大意义在于将纷繁复杂的研究对象从出现到消亡的整个过程划分为一个个连续的,甚至周而复始的阶段进行研究。

社交网络舆情的生命周期有两层含义:一是指社交网络舆情具有一定的周期性,即任何社交媒体网络舆情都必然存在从萌发到消亡的过程;二是社交网络舆情可以分为环环相扣的链式阶段,且其阶段性的演化呈现一

---

① 杨永清等:《舆情传播中社交网络圈群结构属性的影响机制研究》,《情报杂志》2023年第7期。

定的规律性。在信息生态系统中，信息人、信息和信息环境之间相互作用，并经历从无到有，不断走向成熟，直至老化、消亡的渐变过程。从信息传播及扩散的生命周期理论来看，舆情的产生及传播可以分为萌芽期、发展期、爆发期、衰退期和沉淀期这五大阶段，从其信息数量的时段分布规律上讲，呈现比较明显的倒三角特点。但并非所有的舆情都经历相同的五个阶段。毛太田等将网络信息生命周期划分为热议期、冷却期和消退期三个阶段，并对热点事件的传播特征进行分析①；陈思菁等以潜伏期、爆发期、蔓延期和消散期四个阶段构建了突发事件信息传播阶段网络②；王林等构建了爆发—蔓延—环境—反复—残留五阶段的舆情传播模型③；金鑫等将网络舆情的传播过程分为潜伏、成长、蔓延、爆发、衰退和死亡六个阶段④。生命周期理论应用于图书情报领域网络舆情方向中，从最早的三阶段、四阶段发展到理论成熟阶段，将网络舆情的演化过程分为五阶段、多阶段等，根据 Burkholder 和 Toole 提出的著名的三阶段模型⑤，结合本书研究的社交网络舆情类型，笔者将网络谣言生命周期分为三个阶段：爆发期、蔓延期和衰退期。

第二节　网络谣言的相关概念

一　网络谣言的内涵

在网络舆情环境中，许多内容生产者尤其是缺乏深度思考的部分新媒体会寻求通过"标题党"、娱乐化、断章取义、夸大歪曲等方式，获得阅

① 毛太田等：《新媒体时代下网络热点事件情感传播特征研究》，《情报科学》2019 年第 4 期。
② 陈思菁等：《突发事件信息传播网络中的关键节点动态识别研究》，《情报学报》2019 年第 2 期。
③ 王林等：《社交媒体中突发公共卫生事件舆情传播与演变——以 2018 年疫苗事件为例》，《数据分析与知识发现》2019 年第 4 期。
④ 金鑫等：《突发事件网络舆情的演变机制及其情感性分析研究》，《现代情报》2012 年第 12 期。
⑤ Burkholder, B. T., Toole, M. J., "Evolution of Complex Disasters", *Lancet* 346 (8981), 1995, pp. 1012-1015.

读量、转发率和点赞量，使其文章成为热门内容，继而被广大网民所知，形成网络谣言。网络谣言通常是指通过网络传播介质（微博、微信和论坛等）进行传播，没有事实根据，且带有一定的攻击性和目的性的话语[1]。由于互联网技术的发展，人们对网络谣言的传播不受时间、地点和空间的限制[2]。网络谣言会对社交媒体网络舆情造成严重的负面影响，虚假的网络谣言会导致信息传播不准确、不真实，严重时可能损害个人或组织的声誉，对社会凝聚力造成损害[3]。网络谣言传播具有突发性并且流传速度极快，其传播与流行病的传播很相似[4]。如果不能对网络谣言进行及时的甄别、管理和控制，将会对正常的社会秩序造成不良影响，并可能引起不必要的恐慌和混乱，甚至引发社会动荡[5]。由于网络谣言产生的根基不是事实，因此在社交媒体平台的传播过程中，引导意见领袖在掌握事实真相后对事件进行正确的发布，对网络谣言源头进行追踪溯源和及时甄别，使网络谣言被真实的信息所揭露，探寻其形成的路径与内在机理，从而积极引导网民，营造良好的网络舆情生态环境。

二　网络谣言的类型

根据网络谣言的发展过程及事件性质，网络谣言可以分为网络灾害谣言、网络犯罪谣言、网络健康谣言、网络食品谣言和网络个人事件谣言等五类。

（一）网络灾害谣言

网络灾害谣言是指在网络上迅速传播的虚假、夸张或未经证实的信

① 彭竞杰等：《融合用户传播倾向信息的超图网络谣言检测模型》，《数据分析与知识发现》2024 年第 6 期。

② Ma, R., "Spread of SARS and war-related rumors through new media in China", *Communication Quarterly* 56 (4), 2008, pp. 376-391.

③ Meel, P., Vishwakarma, D. K., "Fake news, rumor, information pollution in social media and web: A contemporary survey of state-of-the-arts, challenges and opportunities", *Expert Systems with Applications* 153, 2020, p. 112986.

④ Nekovee, M., et al., "Theory of rumour spreading in complex social networks", *Physica A Statistical Mechanics & Its Applications* 374 (1), 2007, pp. 457-470.

⑤ Zheng, P., et al., "Sensing the diversity of rumors: Rumor detection with hierarchical prototype contrastive learning", *Information Processing & Management* 61 (6), 2024, p. 103832.

息，涉及自然灾害或紧急事件①。这类谣言可能导致不必要的恐慌、混乱，影响公众的正常生活和应对紧急情况的能力。网络灾害谣言可能涉及虚构的自然灾害信息，如地震、飓风、洪水等。这种虚构的信息可能包含夸张的灾情描述、虚假的影响范围等，引发公众不必要的恐慌。

（二）网络犯罪谣言

网络犯罪谣言是指在网络上传播的虚假、夸张或未经证实的信息，涉及各种形式的犯罪活动②。这类谣言可能导致公众的恐慌、不安，对社会秩序和个人安全产生不良影响。网络犯罪谣言可能包括虚构的犯罪事件，如抢劫、绑架、谋杀等，通过夸大事实或编造虚假情节，引发公众的担忧和恐慌。

（三）网络健康谣言

网络健康谣言指的是在互联网上，特别是在社交媒体平台上散布的关于健康、医疗和治疗方法等方面的虚假信息或未经科学验证的说法③。网络健康谣言的特点在于它们往往带有一定的迷惑性和误导性，能够迅速吸引公众的注意力，并在用户之间快速传播，导致公众对健康信息的误解或恐慌，甚至可能影响个人的健康决策和行为，对公共卫生安全构成威胁。

（四）网络食品谣言

网络食品谣言是指在网络上传播的虚假、夸张或未经证实的与食品相关的信息，涉及食品安全、营养价值、生产过程等方面④。这类谣言可能导致公众对食品的误解，引起不必要的恐慌和担忧。网络食品谣言可能包

① 钱旦敏等：《基于信息可信度评估的突发公共卫生事件谣言识别研究》，《情报科学》2024年第2期。
② 杨仁彪、尹春晓：《社交媒体辟谣信息传播效果组合因素探究：基于多情境的比较分析》，《图书情报工作》2023年第24期。
③ 王建亚等：《规范激活理论视角下健康谣言对抗行为影响因素组态研究》，《情报资料工作》2024年第1期。
④ 张玉亮、杨英甲：《基于扎根理论的政府食品安全网络谣言介入行为有效性研究》，《情报杂志》2018年第3期。

括虚构的食品安全问题，如虚假的食品中毒事件、含有有毒物质等，通过夸大事实引发公众的恐慌。

（五）网络个人事件谣言

网络个人事件谣言是指在网络上传播的关于个人身份、经历、事务等方面的虚假、夸张或未经证实的信息①。这类谣言可能涉及个人生活、社会地位、工作经历等，可能对个人产生负面影响，也可能引起社会不安。针对某些个人而编造吸引眼球的虚假信息，侵害当事人隐私，给当事人造成负面影响甚至经济损失。

三　网络谣言传播特征

（一）快速传播性

网络谣言在社交媒体平台上的传播速度极快。得益于社交网络的广泛连接性和用户的高活跃度，一条谣言可以在极短的时间内通过转发、评论等互动形式被迅速传播到各个角落。这种传播速度远超传统媒体，使得谣言的影响在短时间内就能放大。

（二）情绪驱动性

社交媒体上的网络谣言往往携带强烈的情绪色彩，如恐慌、愤怒或激动等。这些情绪化的内容更容易吸引用户的注意和共鸣，促使用户基于情感反应而非理性判断进行信息的分享和传播。因此，情绪驱动性是社交媒体平台网络谣言传播的重要特征之一。

（三）自我强化效应

社交媒体平台的算法往往会根据用户的偏好展示内容，导致用户更容易接触到与自己观点一致的信息，即所谓的"回音室效应"。这种效应使得谣言在特定社群中被反复分享和讨论，即便有辟谣信息出现，也难以改变已经形成的观念。因此，网络谣言在社交媒体上呈现自我强化的特性，一旦形成，便难以被彻底清除。

---

① 莫祖英等：《社交媒体用户虚假信息验证行为影响模型实证研究》，《信息资源管理学报》2023年第4期。

第三节　信息生态的相关理论

一　信息生态的内涵

信息生态是指信息人与其周围信息环境的相互关系，即涉及信息人、信息和信息环境之间的相互影响和相互作用关系，信息生态是利用生态学的观点与方法，综合考量各个要素之间的关系，对信息生态系统中的各项资源进行合理的调配，保持信息生态系统的平衡、稳定和有序。1998 年，国外学者 Eryomin 提出信息生态是研究信息规律的科学，其内容包括信息对生态系统（个人、社区等）的形成和功能的影响，以及改善信息环境的方法探索①。1999 年，社会学家 Nardi 和 O'Day 提出一种新的信息生态理论，将信息生态定义为人、工作、价值、技术组成的一个特定环境系统，并且指明了信息生态系统的重点并非技术本身，而是受信息生态系统所支持的人②。Finin 等从信息生态角度，运用生态学和信息科学等研究方法，构建社会网络信息生态系统，以识别用户感兴趣的社区并检测有影响力的博客作者③。国内学者陈曙认为信息生态研究的是生命与环境之间的相互作用关系，涉及信息—人—环境之间的相互作用和影响④。张向先等提出信息生态学研究的目的在于掌握信息环境发展的内在规律，解构人类社会信息环境的动态变化，使信息环境朝着对人类有利的方向发展⑤。本书基于以往相关学者的研究，认为信息生态的构成要件是信息人、信息与信息环境。

①　Eryomin, A. L., "Information ecology—a viewpoint", *International Journal of Environmental Studies* 54（3-4），1998，pp. 241-253.

②　Nardi, B. A., O'Day, V. L., "Information ecologies: Using technology with heart-chapter four: Information ecologies", *Serials Librarian* 38（1-2），2000，pp. 31-40.

③　Finin, T., et al., "The information ecology of social media and online communities", *AI Magazine* 29（3），2008，pp. 77-92.

④　陈曙：《信息生态研究》，《图书与情报》1996 年第 2 期。

⑤　张向先等：《我国信息生态学研究现状综述》，《情报科学》2008 年第 10 期。

二　信息生态系统

英国植物生态学家 Arthur George Tansley 在 1935 年创立了生态系统理论，将生态系统定义为生物和环境共同形成的有机复合体结构[①]。生态学研究生物与环境之间的相互作用，包括个体、种群、群落以及生态系统。信息生态系统是指在一定的信息空间中，由于信息交互而形成的人、人类组织、社区与信息环境的有机统一体。靖继鹏将信息生态系统定义为由信息、人、信息环境三要素组成的具有自我调节能力的人工系统[②]。信息生态系统主要包括以下几方面内涵。第一，信息生态系统是社会大系统的一个有机组成部分，是一个具有多样性、复杂性的动态系统。信息生态系统是由信息主体、信息客体以及信息环境三部分所组成的和谐、动态均衡的自组织系统。第二，信息生态系统的主体是信息人，所指代的是参与信息活动的个人或组织群体，由信息生产者、信息传播者、信息组织者、信息消费者和信息分解者组成，并具有角色转换的动态性。第三，信息生态系统的客体是信息，信息是维持整个信息生态系统运行和发展的基础要素，是信息人与信息环境之间的连接纽带。第四，信息生态系统环境是指信息主体以外的，对信息主体的生存和发展产生直接或间接影响的因素集合。本书从信息生态系统视域考虑，认为信息生态系统通过运用生态学、系统学、信息学、情报学等学科观点，引导社交媒体平台中的舆情用户对网络信息资源进行整合与配置，从而有效促进社交媒体平台中网络舆情环境内部信息的快速更迭。

三　信息生态因子

信息生态系统由信息生态因子构成，信息生态因子是指信息环境中直接或间接影响人类及社会组织发展的各种要素[③]。国内学者严丽认为信息

---

① Tansley, A. G., "The use and abuse of vegetational concepts and terms", *Ecology* 16 (3), 1935, pp. 284-307.

② 靖继鹏：《信息生态理论研究发展前瞻》，《图书情报工作》2009 年第 4 期。

③ 罗义成：《和谐信息生态探析》，《情报科学》2006 年第 7 期。

人和信息环境二生态因子是构建和谐信息生态系统的根本①；学者韩子静提出信息人、信息和信息环境三生态因子②；学者钱丹丹认为信息生态因子由信息、信息人、信息环境和信息技术四生态因子组成③。信息生态因子作为信息环境中的关键要素，直接或间接影响着人类及社会组织的成长、行为、发展、流动和分布，以及社会的进化与发展④。结合上述论述，本书认为信息生态因子由信息人、信息和信息环境组成。

（一）信息人

信息人是信息生态系统的主体，由信息生产者、信息传播者、信息组织者、信息消费者和信息分解者组成，并具有角色转换的动态性。信息生产者主要负责向系统中注入信息，是信息流转链条上的起点；信息传播者通过一定信息通道从信息生产者中获取信息；信息组织者对信息传播者提交的信息进行过滤筛选；信息消费者是信息生态循环的最后环节；信息分解者则处于从属地位，通过分析不同的信息需求以调整自身的信息内容。

（二）信息

信息是信息生态系统的客体，是信息人进行信息行为的主要载体。信息的生产是信息生态循环的首要条件，信息的传播、组织、消费和分解是信息行为的重要组成部分，而信息的质量直接决定了生态系统的质量。

（三）信息环境

信息环境是指信息生态系统形成的背景和场所，包括宏观层面的社会和国家信息环境，还包括微观层面的基本信息环境。信息环境主要由与人类的一切信息活动有关的所有的自然因素和社会因素组成。信息环境会对信息人接收信息产生直接或间接的影响。

信息生态各个因子有着不同的角色分工。信息人、信息、信息环境三个信息生态因子的相互作用保障了信息生态的多样性，促进了信息生态的良性运转。

---

① 严丽：《信息生态因子分析》，《情报杂志》2008年第4期。
② 韩子静：《信息生态系统初探》，《图书情报工作》2008年第S2期。
③ 钱丹丹：《微博信息生态系统构建机理》，《情报科学》2016年第9期。
④ 张柳等：《信息生态视角下微博舆情生态性评价指标及实证研究》，《情报理论与实践》2022年第3期。

四 信息生态链

信息生态链研究起源于信息生态和信息链的交叉应用研究，信息生态链是特定生态系统中的人造系统，集中体现了信息人、信息及信息环境等信息生态的构成要件。信息在信息生态链上以类似于流水线的作业方式进行加工及传递，参与整个生态系统的流转。生态系统中的信息主体（信息人）按信息流转顺序依次排列成链状结构。娄策群和周承聪认为在信息生态系统中，不同信息人之间的链接媒介是信息，而不是传统概念中的特定物质，信息生态链实质上是信息流转链[①]。王晰巍等认为信息生态链的基本结构包括信息人、信息和传播路径[②]。在信息生态链中，信息是信息生态链形成的关键因素；信息主体（信息人）是核心要素，信息生态链的发展方向受信息主体的影响；信息环境是信息主体存续的各种空间因素的总和，是信息生态链存在的支撑背景。在信息生态链中，信息主体与信息环境之间不断地通过信息的流动实现联系和互动。在信息环境下，信息主体将信息通过生产、传播、组织、消费和分解等过程形成链条式依存关系。各个信息生态因子的协调发展推动了信息生态链的不断演化。

第四节 本章小结

本章是全书的理论研究基础，对社交网络舆情、网络谣言和信息生态的相关概念及理论进行了阐述，为第三、第四、第五、第六、第七章的研究内容提供了理论支撑，是全书的理论研究基础。

首先，阐述了社交网络舆情的相关概念。在社交网络舆情概念界定基础上指出社交网络舆情具有信息量大、互动性高、即时性强、速度快、波及广以及影响大等突出特征，并指出在社交网络舆情下网络谣言"病毒式传播"呈现几何级裂变以及传播路径多元化与复杂性等特征；指出社交网络舆情的演化过程包括爆发期、蔓延期和衰退期三个阶段。

---

① 娄策群、周承聪：《信息生态链中的信息流转》，《情报理论与实践》2007 年第 6 期。
② 王晰巍等：《微博信息生态链的形成机理及仿真研究——以新浪微博低碳技术话题为例》，《情报理论与实践》2015 年第 6 期。

其次，阐述了网络谣言的相关概念。在网络谣言概念的基础上指出了网络谣言形成的原因；指出网络谣言分为网络灾害谣言、网络犯罪谣言、网络健康谣言、网络食品谣言和网络个人事件谣言等五类；指出网络谣言具有快速传播性、情绪驱动性以及自我强化效应等特征。

最后，阐述了信息生态的相关理论。明确信息生态概念，指出信息生态因子由信息人、信息和信息环境组成；指出信息人在信息流转过程中形成了信息生态链。

第三章　社交媒体平台网络
谣言传播机理

本章提出社交媒体平台网络谣言传播的信息生态三要素，基于信息生态的视角分析各要素与社交媒体平台网络谣言的关系。

第一节　社交媒体平台网络谣言传播的
信息生态要素

社交媒体平台网络谣言传播机理是指在特定的系统结构中，各要素在一定的环境下相互联系、作用的原理和运行规则，包括构成要素和要素之间的关系。对某一系统的形成机理进行分析，能够确定系统结构的构成要素以及要素之间的行为方式和联系[①]。社交媒体平台网络谣言传播要素包括社交主体、客体、环境三个方面[②]。

一　社交媒体平台网络谣言传播主体要素

社交媒体平台网络谣言传播的主体要素对应着信息生态系统中的信息人，是指在一定的社交媒体平台网络舆情空间下通过发布舆情信息来表达自身的观点、情绪、主张和态度的舆情个体[③]。信息人包括在社交媒体平

---

① 赵丹等：《新媒体环境下的网络舆情特征量及行为规律研究 ——基于信息生态理论》，《情报学报》2017 年第 12 期。
② 储节旺等：《网络信息服务中的算法安全问题：以信息生态系统视域分析》，《情报理论与实践》2023 年第 7 期。
③ 王曰芬等：《传播阶段中不同传播者的舆情主题发现与对比分析》，《现代情报》2018 年第 9 期。

台网络谣言空间中占绝大多数的普通网民、起到关键连接作用的关键节点、在社交媒体平台网络谣言中具有主导地位的意见领袖，以及对社交媒体平台网络谣言进行治理的管控主体。这几种信息人在信息生态中分别扮演着不同的信息角色。社交媒体平台网络谣言传播的主体要素如图3-1所示，其中信息人分类以椭圆表示，信息角色分类以矩形表示。

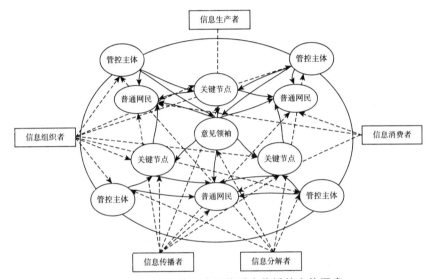

图3-1 社交媒体平台网络谣言传播的主体要素

（一）普通网民

普通网民指的是社交媒体平台网络谣言传播过程中的一般用户群体。在社交网络中，普通网民具有分布广泛、总量庞大、成分复杂等特点[1]。在信息生态的视角下，普通网民较少主动扮演信息生产者的角色，主要扮演信息消费者的角色。在社交媒体平台网络谣言传播过程中，普通网民的节点入度较高，出度较低。

（二）关键节点

关键节点主要扮演信息传播者的角色。其信息生产的能力要强于普通网民，弱于意见领袖，是连接意见领袖和普通网民的桥梁[2]。在一定情况

---

[1] 曹双喜、邓小昭：《网络用户信息行为研究述略》，《情报杂志》2006年第2期。

[2] 蒋侃、唐竹发：《微博情境下网络舆情关键节点识别及扩散模式分析》，《图书情报工作》2015年第20期。

下，关键节点也充当信息组织者的角色，使信息生产者所生产的信息有序化，从而促进信息的次级传播。而且，关键节点也可以充当一定的信息消费者的角色。关键节点的信息消费行为更具选择性与策略性，通常受其所属社群、关注议题及价值立场的驱动，表现出较强的偏好导向。在实际传播过程中，关键节点往往通过对接收到的信息进行筛选、加工与重构，实现"消费即传播"的融合行为。总之，在社交媒体平台网络谣言传播过程中，关键节点的信息生产能力强于普通网民，弱于意见领袖，而其信息消费能力强于意见领袖，弱于普通网民。

（三）意见领袖

意见领袖在社交媒体平台网络谣言传播中，具有相对较高的流量入口，是整个社交媒体平台网络谣言中最为重要的信息生产者[①]。在社交媒体平台网络谣言空间中，意见领袖所发布的舆情信息被频繁地访问，关键节点和普通网民对其进行大量的转发和评论。由于社交网络本身的传播效应，意见领袖在社交媒体平台网络谣言空间中具备较高的网络势能。一般而言，意见领袖的出度远远大于其入度。同时，意见领袖也可以充当信息分解者，即将虚假的、过时的、有歧义的信息进行有效的二次加工，以满足信息消费者的衍生需求。因此，意见领袖是舆情走向的引领者，在社交媒体平台网络谣言传播中具有重要的影响力。

（四）管控主体

管控主体是指负责舆情监测预警的主体。管控主体可以对突发舆情做出及时应对，将信息传播过程中错误的、虚假的、不健康的、不安全的信息及时删除，从而有效引导舆论走向、降低网络对群体的负面影响[②]。管控主体多指专门负责舆情应对以及舆论引导的各级党政机关（网宣办等）、社交媒体平台运营部门以及相关舆情领域的专家。从信息生态的视角来看，管控主体主要扮演信息组织者和信息分解者的角色。管控主体依法构建正确的舆论导向机制，负责基础管理、内容管理、行业管理，并建立网络违法犯罪防范打击等工作的联动机制，完善网络突发事件的处置流程，

---

① 陈芬等：《融合用户特征与多级文本倾向性分析的网络意见领袖识别》，《情报理论与实践》2018 年第 7 期。

② 曾润喜：《网络舆情管控工作机制研究》，《图书情报工作》2009 年第 18 期。

对社交媒体平台网络舆情生态的健康发展起到重要的指导作用。

二　社交媒体平台网络谣言传播客体要素

社交媒体平台网络谣言传播客体要素对应信息生态系统中的信息。所谓信息，一般可以理解为信息人在社交媒体平台网络舆情空间中针对某一社会热点或社会现象所表达出的态度和情绪的总和①。信息不仅是维系社交媒体平台网络舆情生态系统发展的基础，也是信息生态系统活动的主要对象之一。信息的存在，将整个社交媒体平台网络舆情生态系统有机地联系在一起，使信息人之间的信息交互行为直接化，从而维护整个系统的平稳运作②。信息在社交媒体平台网络谣言空间中，根据形式的不同，可分为传统文字信息和以音频、图片、视频等形式呈现的多媒体信息。

（一）传统文字信息

尽管社交网络已经在内容的呈现方式上与传统纸媒有了诸多的不同。不过，由于社交网络依然存在媒体的固有属性，传统的文字信息仍然是社交网络中重要的内容呈现形式。具体到各个社交媒体平台，文字内容的表现形式也存在一定的差异性。在微博和百度贴吧，文字内容以短文本为主。而在微信、博客等社交媒体平台，文字以长文本为主。社交媒体平台中的舆情用户更加看重社交网络的交互性与即时性，相较于传统纸媒，在社交网络中文字内容的生产方式更为精简，信息的组织形式也更为灵活③。通常情况下，文字信息往往不单独存在，而是以图文并茂的形式呈现，增强了内容的多样性。根据社交媒体平台中舆情用户发布的文字信息，对社交媒体平台网络谣言进行甄别与组态路径研究，是本书所要研究的重要内容。

（二）多媒体信息

多媒体信息区别于传统的文字信息，包括但不限于图片、表情文字、语音、短视频以及外部链接等。其中，表情文字、语音和短视频是区别于

---

① 王微等：《信息生态视角下移动短视频UGC网络舆情传播行为影响因素研究》，《情报理论与实践》2020年第3期。
② 王晰巍等：《新媒体环境下网络社群情境信息共享影响因素实证研究——基于信息生态群落视角》，《情报学报》2017年第10期。
③ 冯秋燕、朱学芳：《社交媒体用户价值画像建模与应用研究》，《情报资料工作》2019年第6期。

传统文字信息的主要信息呈现形式[①]。表情文字，如 emoji，是舆情用户准确表达情感倾向的主要形式，其因形象生动的展现形式得到了舆情用户尤其是年轻用户的广泛使用。语音、短视频则直接记录了用户的声音信号以及视觉信号，往往采用源数据的信息呈现形式，直接表达了舆情用户的情绪及情感倾向。除了表情文字有着固定的编码，可以参照对应的编码规则进行自动识别外，其余的信息呈现形式往往需要借助一定的识别技术。例如，需要通过语音识别技术将语音内容中的声学信号转换成文字信息，再进行相应的处理。相对于传统文字信息而言，语音识别技术还不够成熟。因此除表情文字外，其余多媒体信息不作为本书对社交媒体平台网络谣言进行甄别与组态路径研究的信息来源。

三　社交媒体平台网络谣言传播环境要素

社交媒体平台网络谣言传播环境要素可对应信息生态系统中的信息环境。在概念上，环境要素包括外部环境和内部环境两部分。其中，外部环境指社交媒体平台所依托的客观环境，主要包括经济环境、社会环境、法律环境等。内部环境指具体的社交媒体平台舆情空间，主要包括信息资源、信息文化和社群环境。而外部环境和内部环境离不开信息技术的支撑，信息技术指的是用于管理和处理信息的各种技术，主要通过计算机科学和通信技术来部署技术平台，并辅以各种智能算法来处理信息，信息技术对其他信息生态因子具有较大影响。社交媒体平台网络谣言传播的环境要素如图 3-2 所示。

（一）外部环境

1. 经济环境

社交媒体平台上网络谣言的传播与经济环境之间存在密切联系。稳健的经济环境为社交媒体平台提供了发展的基础，同时，经济环境的变化也直接影响着网络谣言的产生和扩散[②]。一方面，经济繁荣促进了社交媒体

---

① 许烨婧等：《多媒体网络舆情信息并发获取模型构建及实证分析》，《图书情报工作》2020年第 23 期。

② 杨克岩：《电子商务信息生态系统的构建研究》，《情报科学》2014 年第 3 期。

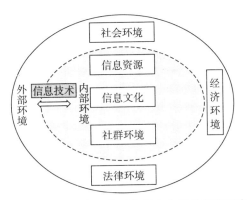

图 3-2 社交媒体平台网络谣言传播的环境要素

技术的创新和用户基数的增长,为网络信息的广泛传播提供了"温床"。另一方面,经济压力和不确定性可能加剧公众对信息的敏感度,使得关于经济的网络谣言在社交媒体上更易获得关注并迅速传播。因此,经济环境不仅为社交媒体平台网络谣言的传播提供了物质基础,也通过影响公众的心理状态和信息接收偏好,进一步影响网络谣言的扩散路径和范围。

2. 社会环境

社会环境对社交媒体平台网络谣言的传播具有深远影响。它不仅塑造了舆情用户的生活方式和价值观,而且直接影响了舆情用户对网络信息的接受度和传播行为。具体来说,社会环境中的文化背景、教育水平以及公众对于信息真实性的普遍态度,都在某种程度上决定了网络谣言在社交媒体平台上的传播速度和范围。首先,社会环境中的文化背景,如普遍的价值观念和信仰会影响用户对特定类型网络谣言的敏感程度,进而影响其传播或辟谣的意愿。其次,教育水平的高低直接关系到舆情用户识别网络谣言的能力,一个公众具有较高信息素养的社会环境,能有效减小网络谣言的传播力度。最后,社会环境中对于网络信息真实性的普遍态度,即如何看待和处理网络信息,也在相当程度上影响着网络谣言的生命周期。因此,社会环境在网络谣言传播的过程中扮演着关键角色,它既能促进谣言的扩散,也能为谣言的及时辟谣提供有力支撑[①]。

---

① 董微微:《基于 PSR 模型中国网络信息生态环境评价及障碍因子分析》,《情报科学》2019年第 4 期。

3. 法律环境

法律环境在社交媒体平台网络谣言的管理和控制中起到了至关重要的作用。明确的法律规范和政策指导对于平衡言论自由与防止谣言传播的关系至关重要。在确保公民言论自由的同时，法律也明确界定了社交媒体平台不应成为谣言传播者的避风港。相应的法律和规章是构建社交媒体平台网络谣言治理体系的关键要素。此外，为了适应快速变化的网络环境和新出现的传播现象，相关法律监管机构需加速法规的制定、审查以及更新过程，以建立一个健康、有序且公正的社交媒体环境①。这包括对网络谣言的定义、识别、处罚以及用户和平台的责任进行明确规定，确保有足够的法律工具来应对网络谣言带来的挑战，从而有效抑制网络谣言的生成和扩散，保护公众免受不实信息的影响。

(二) 内部环境

内部环境主要包括信息资源、信息文化和社群环境。

1. 信息资源

信息资源在社交媒体平台网络谣言的环境中扮演着双重角色②：一方面，作为连接社交媒体平台网络用户的桥梁，促进了用户间的互动和信息的流动；另一方面，作为被用户加工和传播的对象，构成了社交媒体平台网络谣言传播的基础。用户对信息的需求塑造了信息资源的形态，而这些信息资源作为沟通的媒介，又反过来影响用户对信息的需求和价值判断。首先，信息资源的广泛性促进了网络谣言的快速扩散。社交媒体平台海量的信息资源使得用户能够轻松接触和分享各种信息，包括未经验证的网络谣言。这种信息的广泛性和易获取性加快了网络谣言的传播速度。其次，信息资源的多样性增加了识别网络谣言的难度。社交媒体平台各类信息资源形式多样，从文字、图片到视频等，网络谣言常常伪装成各种形式存在，使得用户难以辨识真伪，增强了网络谣言管理的复杂性。最后，信息资源反映了用户的价值偏好，影响了网络谣言的接受度。在社交媒体环境中，用户对信息的选择和传播反映了其价值观和偏好，这些价值观和偏好

---

① 李宗富、张向先：《政务微信信息生态链的构成要素、形成机理、结构与类型》，《情报理论与实践》2016 年第 8 期。

② 裴成发、边旭佼：《对信息生态链中的信息环境研究》，《兰台世界》2019 年第 2 期。

又影响了某类谣言的流行度。

2. 信息文化

在社交媒体平台网络谣言的环境中，信息文化对网络谣言的产生、传播和接受度具有深刻的影响。信息文化是信息技术革命下，人类为适应数字化信息环境而形成的一系列文化现象，包括网络上的信息传播模式、用户的交互行为，以及社群的形成和演变等。这一文化背景不仅塑造了用户接收、解读和传播信息的方式，也深刻影响了网络谣言的生命周期。首先，在数字化的信息文化中，信息传播速度快、范围广，使得网络谣言一旦产生便能迅速扩散。社交媒体平台上简洁、富有吸引力的信息更容易获得用户的注意，便于传播，这形成了一种"快速消费"的信息传播模式，也为网络谣言的迅速扩散提供了温床。其次，在信息文化中，意见领袖对信息的影响显著。他们发布的内容，包括谣言信息往往能够成为信息环境中的焦点。意见领袖的态度和行为在很大程度上能够影响其追随者对谣言的接受度与传播力度，使得特定的网络谣言信息在特定群体中迅速蔓延。最后，社交媒体平台上形成的各种网络社群具有独特的用户特征，这些特征反映了信息文化中不同用户群体的价值观和接收信息的偏好。这些社群内部形成的共鸣效应使得某些网络谣言在特定社群中更易被接受和传播，形成了网络谣言传播的"微气候区"。

3. 社群环境

社群环境在社交媒体平台上对网络谣言的传播具有显著的影响。这一环境由在特定话题或兴趣领域内聚集的用户组成的网络社群构成。这些社群中的成员在关注的话题、身份属性、情感倾向上具有较高的同质性，这种同质性促进了成员间密集的信息交流和情感共鸣，从而影响了网络谣言的传播路径和速度。首先，由于社群成员在关注点和情感倾向上的一致性，一条与社群成员共鸣的谣言信息能迅速在社群内获得广泛传播。社群内部密集的信息交互使得网络谣言得以快速扩散。其次，社群成员在相似的身份属性和共同的关注点基础上形成的信任关系，使得社群内传播的信息，包括网络谣言，更容易被成员接受。网络谣言在这样的环境下更易被视为可信信息。最后，社群环境往往形成信息的"回音室效应"，即社群成员倾向于接触和分享与自己观点一致的信息，忽视或排斥不同意见。这种效应使得网络谣言在社群内部得到强化,而辟谣信息难以进入或被接受。

(三)信息技术

信息技术主要包括社交媒体平台、大数据技术以及人工智能。

1. 社交媒体平台

在信息生态的视角下,社交媒体平台可视作在信息组织者的管理下,从信息生产者到信息传播者、信息消费者以及信息分解者之间的流通信道,也可以看成运营管理舆情信息的技术系统的总称①,主要包括微博、微信、短视频平台和网络论坛等。其中,微博是目前最大的中文社交网络平台。微博基于系统广播及用户关系网,实现了信息的裂变传递,允许用户通过多种终端接入,以文字、图片、视频等多种形式进行信息发布,实现信息的即时分享和传播互动②。根据《中国新媒体发展报告(2024)》,深度媒介化与数字技术更迭为媒体转型带来新的发展机遇和挑战,新媒体发展进入关键期,截至 2024 年 9 月,微博月活用户 5.87 亿人,日活用户 2.57 亿人③。产出内容的媒体"大 V"、消费内容的网民用户以及挖掘商业机会的品牌商家,共同在微博完成了内容消费的生态闭环④。微博具有便捷性、传播性和原创性,是舆情用户获取、分享和传播舆情信息的首选平台。因此,本书选择微博作为社交媒体平台网络谣言传播的数据来源。

2. 大数据技术

大数据专指传统数据处理方法不足以处理的大量的或复杂的数据,而能够处理大数据的技术,即为大数据技术⑤。大数据技术主要包括数据采集、数据存储、数据清洗、数据分析以及数据可视化等。由于社交媒体平

---

① 唐恒、邱悦文:《多源信息视角下的多指标新兴技术主题识别研究——以智能网联汽车领域为例》,《情报杂志》2021 年第 3 期。

② 梁晓贺等:《基于超网络的微博相似度及其在微博舆情主题发现中的应用》,《图书情报工作》2020 年第 11 期。

③ 《〈新媒体蓝皮书:中国新媒体发展报告(2024)〉成功发布》,中国网,2024 年 12 月 5 日,http://www.china.com.cn/zhibo/content_117589265.shtml。

④ 《2024 微博用户消费趋势报告发布》,手机新浪网,2024 年 12 月 17 日,https://news.sina.cn/gn/2024-12-17/detail-inczuert5772102.d.html。

⑤ 刘昉、曹炯清:《基于计算机大数据的信息安全处理技术分析》,《电脑知识与技术》2020 年第 1 期。

台网络谣言传播的数据来源于社交网络，其数据具备大数据的特点，体量庞大且结构复杂，而大数据技术，能够较好地对其进行处理，因此，大数据技术是研究社交媒体平台网络谣言甄别与组态路径的技术支撑。

3. 人工智能

人工智能是指由人工制造出来的系统所展示出的智能，其研究领域包括机器学习、深度学习、自然语言处理和专家系统等[①]。在学术语境中，人工智能特指用以模拟或延伸人类的智能模型。本书在研究社交媒体平台网络谣言甄别与组态路径的过程中，选择并改进了很多人工智能的智能技术与模型，例如区块链、隐含狄利克雷分布模型、知识图谱等，在这些技术与模型的助力下，本书构建起一个功能强大的社交媒体平台网络谣言甄别与组态路径模型。

第二节　社交媒体平台网络谣言传播运行机理与演化模式

一　社交媒体平台网络谣言传播运行机理

与信息生态系统中的信息主体"生产—传递—消费—分解"的信息传递过程相呼应[②]，社交媒体平台网络谣言传播遵循"出生—爆发—发酵—扩散"的动态平衡过程。社交媒体平台网络谣言遵循信息生产和扩散的传播路径。在整个信息生态系统中，信息生产者处于核心地位，其发布的信息质量和内容清晰度对信息生态系统是否能够健康和谐发展有着重大影响[③]。信息生产者发布的虚假信息能够对信息生态系统造成极大负面影响。信息生产者，无论是个人用户还是组织机构，他们发布的初级信息构成了网络谣言的源头。在社交媒体平台上，一旦发布虚假信息，即使是出于无

① 郭璇等：《基于深度学习和公开来源信息的反恐情报挖掘》，《情报理论与实践》2017年第9期。
② 魏明珠等：《信息生态视角下网络舆情生态多维图谱构建研究》，《情报科学》2021年第6期。
③ 李键菲：《基于信息生态链的信息污染及主体防范策略》，《情报资料工作》2010年第3期。

意，也可能迅速演变成网络谣言。信息生产者发布信息后，可能因其引人注目或激发情绪的特性而迅速吸引大量注意力，信息传播者通过评论、转发、点赞等行为促进谣言的传播。在信息"消费"阶段信息能够产生巨大的利益价值①。在爆发之后，网络谣言开始在社交媒体平台上广泛传播，形成信息的"消费"过程。在这一阶段，网络谣言能够触及更广泛的受众，甚至产生一定的社会影响和经济价值。在信息"消费"阶段，为了维护信息生态的健康和谐发展，信息组织者和信息分解者（主要是管控主体）要及时组织、分解或删除数据库中的虚假信息、垃圾信息和冗余信息，对信息进行组织、分解和消费。信息的分解旨在消解网络谣言带来的负面影响，恢复网络环境的清晰和真实性。

二 社交媒体平台网络谣言传播生态系统演化模式

在社交媒体平台网络谣言传播生态系统中，信息消费者的行为是推动系统演化和动态失衡的关键因素②。在社交媒体平台网络舆情的特殊环境影响下，用户的角色界限变得模糊，他们往往同时扮演信息生产者、信息传播者和信息消费者等多重角色③。这种多角色特性增强了社交媒体平台网络谣言传播路径的复杂性，导致了多层次和复杂的信息流动模式，形成了社交媒体平台网络谣言传播生态系统演化的主要驱动力。

在社交媒体平台网络谣言传播生态系统中，普通网民不仅是信息的接收者，也越来越多地参与到信息的创造和组织中，实质上担当了信息生产者的角色④。随着社交媒体技术的发展，用户可以轻松地创建和分享内容，这使得信息生产不再是专业机构的专利，而是每个普通用户都能参与的过程。当用户发布信息后，他们也自然而然地成为信息传播者，通过社交网络中的互动（点赞、评论和分享等）促进信息的扩散。这一过程不仅扩大

---

① 严丽：《信息生态因子分析》，《情报杂志》2008 年第 4 期。
② 曾粤亮等：《信息生态理论视角下大学生网络健康信息焦虑形成影响因素与对策研究》，《图书情报工作》2024 年第 1 期。
③ 常宁等：《信息生态视角下热点舆论传播多点触发机制实证研究》，《情报科学》2023 年第 11 期。
④ 纪雪梅、李长荣：《信息生态视角下在线健康社区用户情感交互意愿的影响因素研究》，《现代情报》2022 年第 1 期。

了信息的传播范围，也让用户在分享信息的同时实现了信息的消费，因为在浏览和转发信息的过程中，他们获取了信息内容，并参与到信息交流中。社交媒体平台的推荐算法也极大地促进了信息消费，通过分析用户的行为和偏好，推荐相关的内容，进一步增强了信息的流动性和用户的参与度。在信息流动的末端，信息分解者在生态系统中起到关键的作用，负责清理、过滤和转化信息，包括辨识和处理谣言信息，确保信息环境的健康和可持续。

第三节　社交媒体平台网络谣言传播动机与动力

一　社交媒体平台网络谣言传播动机

社交媒体平台网络谣言的传播动机是信息主体产生信息行为的驱动力[①]。社交媒体发展的加速使用户的虚拟性越来越弱，产生较强的个性特征。社交媒体平台网络谣言传播动机可分为内在动机和外在诱因（见图3-3），这两者通常相互交织，共同推动谣言在社交媒体平台上传播。

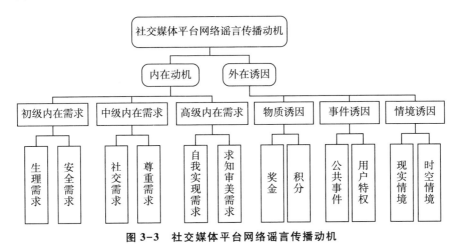

图3-3　社交媒体平台网络谣言传播动机

---

① 贾若男等：《社交媒体中突发公共卫生事件网络辟谣信息主体研究》，《图书情报工作》2021年第19期。

（一）内在动机

在社交媒体平台上网络谣言传播的内在动机可以通过马斯洛需求层次理论[①]来解析，其中用户的内在需求可被细分为三个层次。首先，初级内在需求包括生理需求和安全需求，是基本需求层次。在社交媒体环境中，这可能表现为对稳定社交环境的需求和保护个人隐私及网络安全的需求。用户在社交媒体上寻求一个安全、可靠的交流平台，以确保他们的个人信息不被滥用。其次，社交需求和尊重需求是用户中级内在需求。社交需求包括与他人建立联系、分享信息和感受归属感；尊重需求则涉及通过个人主页的展示、内容的认可（点赞、评论等）以及获得认证标识（"大V"认证等）等方式，来提高个人在社交网络中的地位和影响力。最后，高级内在需求包括自我实现、求知审美需求。这一层次代表了用户在社交媒体平台上追求自我表达、自我提升和个人成长的内在驱动。用户可能通过发布高质量的内容、参与舆论引导和社会议题讨论，或是分享自己的专业知识和审美趣味，来实现个人价值和增强自我实现感。在网络谣言传播的背景下，这些内在需求成为传播动机的关键所在。例如，个人在追求社交需求和尊重需求时，可能不加判断地分享未经验证的信息，以期获得关注和认可；而在追求自我实现的过程中，某些用户可能试图通过发布或转发具有争议性的信息来展现自己的见解和独特性，即使这些信息可能是不准确的。

（二）外在诱因

在社交媒体平台上网络谣言传播的外在诱因主要涉及各种环境和情境因素，这些因素促使用户参与到网络谣言的传播中[②]。外在诱因可以基于其对用户行为的影响，被划分为物质诱因、事件诱因和情境诱因三大类。在某些情况下，社交媒体平台的设计可能无意中提供了物质激励，如通过参与特定活动赚取积分、奖金或其他形式的奖励，鼓励用户更频繁地发布和分享内容。这种物质激励可能促使一些用户为了获得奖励而不加

①　司湘云等：《公共危机情境下政府信息供给与公众信息需求差距分析》，《情报理论与实践》2024年第2期。
②　孙晓宁、景雨田：《弹幕用户信息规避行为过程与情感演化研究》，《图书情报知识》2024年第2期。

选择地传播各种信息，包括未经验证的网络谣言。社交媒体平台上的公共事件或热点话题往往成为谣言传播的催化剂。当某一事件引发公众的广泛关注时，与之相关的信息（网络谣言等）就会迅速传播开来。此外，用户在社交媒体平台上的特权状态，如拥有较多的关注者或是认证账号，也可能促进网络谣言的传播，因为这些用户发布的内容往往能获得更广泛的曝光。社交媒体平台上的现实情境（信息呈现的方式和环境）和时空情境（信息发布的时间和地点）也是影响网络谣言传播的重要外在诱因。

二 社交媒体平台网络谣言传播动力

社交媒体平台网络谣言传播构成了一个基于因果关系的信息生态系统，在信息人、信息和信息环境等要素的共同作用下推动信息的传播[①]。社交媒体平台网络谣言传播的动力机制应建立在传播要素的因果关系基础上。本书认为，社交媒体平台网络谣言传播的动力可分为内在动力和外在动力，如图 3-4 所示。

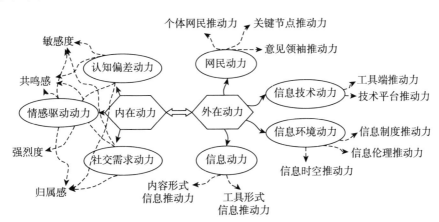

图 3-4 社交媒体平台网络谣言传播动力

（一）社交媒体平台网络谣言传播内在动力

社交媒体平台网络谣言传播内在动力是指内生的、同舆情自身属性相

---

① 杨小溪等：《基于信息生态理论的网络舆情预警评价指标体系研究》，《情报理论与实践》2021 年第 3 期。

关的、对舆情生态系统产生的推动力或破坏力。社交媒体平台网络谣言传播的内在动力源于谣言内容本身的特性以及它对用户心理和情绪的影响，这些动力在社交媒体的舆情生态系统中起着推进或破坏的作用。这些动力深植于谣言信息的本质中，与用户对信息的心理反应和情绪共鸣紧密相关。典型内在动力包括认知偏差动力、情感驱动动力和社交需求动力[①]。其中，在认知偏差动力中，人们天生倾向于确认自己的预设观念，这可能导致他们更容易相信和传播与自己观点一致的谣言信息；在情感驱动动力中，强烈的情绪反应，如恐惧、愤怒或兴奋，常常促使人们分享激发这些情绪的谣言内容，以寻求共鸣或释放情感；在社交需求动力中，人们渴望在社交网络中获得认同和归属感，分享引起广泛讨论的谣言信息可能被视为促进社交连接和提升影响力的手段。

（二）社交媒体平台网络谣言传播外在动力

社交媒体平台网络谣言传播外在动力涉及个体外部的社会、文化和技术因素，这些因素为网络谣言的传播提供了"温床"和渠道。社交媒体平台网络谣言传播网民动力的典型动力类型包括个体网民推动力、意见领袖推动力和关键节点推动力[②]，这些社会动力通过提高信息的表达性和敏感性，促进网络谣言的传播。信息技术动力主要包括工具端推动力和技术平台推动力，主要受媒体平台友好性、平台技术先进性等因素影响，社交媒体平台的推荐算法倾向于推送能够激发用户互动的内容，有时无意中推动了网络谣言的广泛传播，平台技术的先进性使得信息生产和传播变得更为便捷，也为网络谣言的制作和传播提供了技术支持。信息环境动力包括信息制度推动力、信息伦理推动力和信息时空推动力，主要受信息场强影响。信息动力包括内容形式信息推动力和工具形式信息推动力，主要受信息质量、信息密度、信息内容丰富度、工具形式、信息数量影响。

---

① 赵丹等：《新媒体环境下的微博舆情传播态势模型构建研究——基于信息生态视角》，《情报杂志》2016 年第 10 期。

② 李洁、周毅：《网络信息内容生态安全风险：内涵、类型、成因与影响研究》，《图书情报工作》2022 年第 5 期。

第四节 社交媒体平台网络谣言
传播机理系统模型

基于信息生态理论，本书从社交媒体平台网络谣言传播要素、演化机理、传播动机和传播动力四个方面出发提出社交媒体平台网络谣言传播机理系统模型如图 3-5 所示。社交媒体平台网络谣言传播要素（信息人、信息及信息环境）为网络谣言传播提供支撑；网络谣言传播动机（内在动机和外在诱因）触发网络谣言信息的传播；网络谣言传播动力（内在动力和外在动力）推动了网络谣言的持续传播。社交媒体平台网络谣言信息生态系统的要素为网络谣言传播提供技术、信息和环境支撑，形成了一个动态失衡的生态系统。本书在第四、第五、第六章将分别基于社交媒体平台网络谣言传播特征对意见领袖主题关系（信息人）、源头甄别（信息）以及组态路径（信息环境）做出深入探讨。

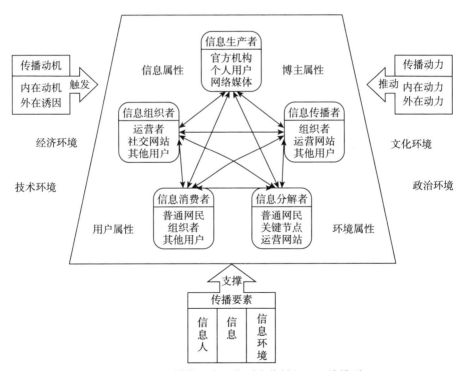

图3-5 社交媒体平台网络谣言传播机理系统模型

基于信息生态的社交媒体平台网络谣言传播机理系统模型如图 3-5 所示。本书认为信息生态系统要素包括信息人、信息和信息环境。信息人在信息环境中产生信息，而这些信息反过来使信息人具有一定的影响力。本书从微观角度研究信息人和信息，从宏观角度研究信息环境。

首先，本书认为社交媒体平台网络谣言传播过程中的信息人在信息活动中扮演着重要角色，而不同角色的信息人，会在舆情发展中发挥不同的作用。本书结合知识图谱和 Neo4j 构建社交媒体平台网络谣言意见领袖主题图谱，确定网络舆情人物主题的实体及用户关系，分析社交媒体平台网络舆情意见领袖主题图谱关系路径中传播效率、传播路径和意见领袖节点影响力三个关键参数。

其次，信息文本是信息的表现形式，整个信息流转链可以看作信息人所进行的信息行为。信息能够改变信息人的知识结构并指导和影响信息人的决策。本书尝试运用区块链技术实现社交网络结构的重构，以保证信息在社交媒体平台中传播的可追溯性，并基于评论信息进行网络谣言的甄别，提供一种去中心化的可信任机制。根据节点间的语义相似度动态调节节点接入区块链的难度，并利用区块链中的工作量证明机制，使社交媒体平台形成一定的网络谣言自动过滤能力。

再次，本书在分析中将信息生态系统要素中的信息环境划分为内部环境、外部环境和信息技术，研究相关因素在网络谣言信息交流中的作用及其对组态路径的影响。本书基于信息环境理论，结合微博热点网络谣言事件，提取媒体报道偏差、政府信任度优化、网民认知偏差、平台管控、话题敏感度、信息传播形式、信息模糊性等条件变量，揭示这些变量在网络谣言形成路径中的复杂因果关系。

最后，本书基于信息生态要素中的信息人、信息和信息环境分别从用户关系认同、追溯网络谣言源头和多元主体协同的角度提出社交媒体平台网络谣言治理策略。

因此本书在第四章从微观角度研究信息环境中的信息人要素，即基于信息人的社交媒体平台网络谣言意见领袖主题关系；在第五章同样从微观角度研究信息环境中的信息要素，即基于信息的社交媒体平台网络谣言甄别模型；在第六章从宏观角度分析基于信息环境的社交媒体平台网络谣言组态路径研究，即信息环境；在第四、第五、第六章研究结果的基础上，提出社交媒体平台网络谣言治理策略，分别从信息人、信息和信息环境方面对管控主体提出治理和监管建议。

第五节　本章小结

本章针对社交媒体平台网络谣言传播特征，基于信息生态理论提出社交媒体平台网络谣言传播机理系统模型，对社交媒体平台网络谣言传播要素、运行机理、演化模式、传播动机、传播动力进行分析。本章为第四章基于信息人的社交媒体平台网络谣言意见领袖主题关系、第五章基于信息的社交媒体平台网络谣言甄别模型和第六章基于信息环境的社交媒体平台网络谣言组态路径研究提供理论基础和支撑，为第七章提出信息生态视角下社交媒体平台网络谣言治理策略提供理论指导。本章的研究工作和结论主要有以下四个方面。

第一，基于信息生态理论提出社交媒体平台网络谣言传播的主体、客体、环境三个要素，并确定社交媒体平台网络谣言传播生态要素模型。

第二，基于信息生态理论对社交媒体平台网络谣言传播运行机理和演化模式进行分析，深入剖析如何基于信息生态理论揭示社交媒体平台网络谣言传播特征及规律。

第三，基于信息生态理论对社交媒体平台网络谣言传播动机与动力进行分析，认为传播动机包括内在动机和外在诱因，传播动力包括内在动力与外在动力，并分别提出社交媒体平台网络谣言传播动机模型与传播动力模型。

第四，基于信息生态理论提出社交媒体平台网络谣言传播机理系统模型，指出社交媒体平台网络谣言传播要素（信息人、信息及信息环境）为网络谣言传播提供系统支撑；网络谣言传播动机（内在动机和外在诱因）触发网络谣言信息的传播；网络谣言传播动力（内在动力和外在动力）推动了网络谣言的持续传播。

第四章 社交媒体平台网络谣言
意见领袖主题关系研究

本章在第三章社交媒体平台网络谣言传播机理分析的基础上，基于信息人理论，结合知识图谱和 Neo4j 构建社交媒体平台网络谣言意见领袖主题图谱，并对其实体及用户关系进行分析，确定意见领袖的关系路径分析参数。结合"重庆大巴坠江·非女司机逆行导致"网络谣言话题，使用 Cypher 语言对意见领袖的传播效率、传播路径和关键节点影响力进行分析。

第一节 构建网络谣言意见领袖主题图谱的动因

随着社交媒体的广泛应用，论坛、博客、QQ、微博、微信等社交媒体平台成为网民发表意见和表达情绪的重要途径[①]。微博、微信等社交媒体平台对重大突发事件的传播和报道，能够挖掘事实真相、通达社情民意。一段不起眼的网络视频、一篇表示质疑的文章、一个未经证实的传言，都足以掀起一场舆论风暴，甚至造成严重的社会危机，威胁信息生态系统和谐发展。在大量社交网络信息交互和传播过程中，舆情监管部门如何快速找到舆情事件传播中的关键人物并针对舆情事件进行引导？如何快速削减微博、微信中扩散的网络谣言，以保证舆情朝着健康的社

---

① 王晰巍等：《社交网络舆情中意见领袖主题图谱构建及关系路径研究——基于网络谣言话题的分析》，《情报资料工作》2020 年第 2 期。

会舆论方向发展？根据现阶段我国社交媒体平台信息传播的现实情境，进行社交媒体平台舆情关键人物的网络谣言传播关系路径可视化分析，是解决上述问题的切入点。

针对以上问题，本章基于信息人理论确定意见领袖在社交媒体平台网络谣言传播中的关系路径。信息人理论认为信息人在社交媒体平台网络舆情的信息环境中扮演着重要角色，而不同角色的信息人会在舆情发展中发挥不同的作用。本章尝试运用知识图谱构建社交媒体平台网络谣言的意见领袖主题图谱，旨在识别引导舆情传播的关键节点，推动网络舆情向正能量和主旋律方向发展。通过分析这些关键人物节点，本章研究结果将为舆情监管部门提供有效的预警和监控工具，从而使其在网络谣言传播中实现正向引导，发挥积极作用。

具体而言，本章基于信息生态中信息人的相关理论，结合知识图谱和 Neo4j 构建社交媒体平台网络谣言意见领袖主题图谱，确定网络舆情人物主题的实体及用户关系，分析社交媒体平台网络舆情意见领袖主题图谱关系路径中传播效率、传播路径和意见领袖节点影响力三个关键参数。结合"重庆大巴坠江·非女司机逆行导致"网络谣言话题，使用 Neo4j 对网络谣言话题意见领袖关系路径进行主题图谱构建和分析，利用 Cypher 语言对意见领袖关系路径中的传播效率、传播路径、意见领袖节点影响力进行分析。构建社交媒体平台网络谣言意见领袖主题图谱，对准确分析舆情用户身份信息起到了关键作用，有助于对特定人群采取相应的应对措施，以减少网络谣言事件带来的负面影响。本章也为第七章提出社交媒体平台网络谣言治理策略提供了理论依据。

第二节　社交媒体平台网络谣言意见领袖主题图谱模型

一　社交媒体平台网络谣言中知识图谱的实体和边

知识图谱是由谷歌公司率先提出的，后被互联网公司用来从语义角度组织网络数据，从而构建提供智能搜索服务的大型知识库[①]。从狭义上来说，它是一个用图数据结构表示的知识载体，描述客观世界的事物及关系，其中节点代表客观世界的事物，边代表事物之间的关系。知识图谱凭借语义网（Semantic Web）中的资源描述框架（Resource Description Framework，RDF）对知识体系和实例数据两个层面的内容进行统一表示，共同构成一个完备的知识系统。从广义上来说，知识图谱被用来进行知识描述，展示实例数据，以及相应的配套标准、工具、技术平台和应用环境。

具体而言，知识图谱旨在描述真实世界中存在的各种实体或概念及其关系，并形成一张巨大的语义网络图。其中的节点表示实体或概念，边则由属性或关系构成[②]。整个语义网络图是一种比较通用的语义知识的形式化描述框架，它用节点表示语义符号，用边表示符号之间的语义关系。知识是认知，图谱是载体，数据库是实现基础，知识图谱就是在数据库系统中利用图谱这种抽象载体表示知识认知内容的一种形式。实体是知识图谱中的最基本元素，不同实体间存在不同的关系。

综上可知，在社交媒体平台网络谣言的知识图谱构建中，实体是指参与话题讨论的网络用户，每个实体具有构成它的属性值，即网络用户的基本信息，如认证信息、年龄、性别和地域等。同时，在社交媒体平台网络谣言中实体与实体之间的关系，即边，表现为转发、评论和点赞。

二 社交媒体平台网络谣言中的意见领袖

社交媒体平台网络谣言中的意见领袖又称为舆论领袖，是活跃的媒体领导者，在舆情环境中经常为网络用户提供信息，是对网络用户施加影响的"活跃分子"[③]。意见领袖在舆情传播中起着重要的中介和过滤作

---

① 冯新翎等：《"科学知识图谱"与"Google 知识图谱"比较分析——基于知识管理理论视角》，《情报杂志》2017 年第 1 期。

② Franco, S., et al., "A systematic study of knowledge graph analysis for cross-language plagiarism detection", *Information Processing & Management* 52（4），2016，pp. 550-570.

③ 张卫东等：《角色演变视角下辟谣信息对社交媒体意见领袖形成的影响——基于舆论领导法则》，《情报理论与实践》2024 年第 1 期。

用，通常由他们将网络信息扩散给网络用户，形成信息传递的两级传播[①]。Hsin 等认为意见领袖是网络信息传播的重要推动者[②]；Chen 等认为在特定的用户群体中，意见领袖被认为对其他用户的转发和评论行为存在重要影响[③]。

在社交媒体平台网络谣言传播中，意见领袖是主流意见表达的风向标，可以放大事件、促进舆情的传播。社交媒体平台网络谣言中意见领袖的个人观点或理解行为，对网络谣言传播具有决定性的作用。意见领袖不仅仅是社交媒体平台网络谣言传播的重要代表，更具有一定的社会影响力和舆情引导能力，在涉及群众社会利益的问题中发挥着独特作用[④]。

意见领袖能够获取较早、较多、较广泛的信息，并对其进行加工与阐释、扩散与传播，可对其追随者或被影响者的态度和行为起到引导的作用。意见领袖的存在不仅可以促进舆情信息的传播，还可以对事实进行客观公正的阐述和评价、对不实的事件进行权威的公证，从而积极引导网络舆情方向，形成积极的社会力量，在本质上塑造主流民意。然而，在社交媒体平台网络谣言传播中，意见领袖可能会因其影响力而加速网络谣言的扩散，导致不良社会后果。因此，需要综合分析意见领袖在不同情境中的角色和作用，针对特定人群采取有针对性的应对措施，通过精准定位和识别意见领袖，强化正向引导，抑制负面影响，从而有效减少网络谣言事件带来的危害，维护健康的舆论生态和社会稳定。

---

① 刘雨农、刘敏榕：《社会化问答平台的社区网络形态与意见领袖特征——以知乎网为例》，《情报资料工作》2017 年第 2 期。

② Hsin, C. L., et al., "Using online opinion leaders to promote the hedonic and utilitarian value of products and services", *Business Horizons* 61 (3), 2018, pp. 431–442.

③ Chen, C. P., et al., "Employing a data mining approach for identification of mobile opinion leaders and their content usage patterns in large telecommunications datasets", *Technological Forecasting & Social Change* 130, 2018, pp. 88–98.

④ Wang, Z. C., Yuan, Z. X., "Research on the theme-oriented mining of microblog opinion leaders", *Information Science* 3, 2018, pp. 112–116.

第三节　社交媒体平台网络谣言意见
领袖主题图谱构建

一　构建社交媒体平台网络谣言意见领袖主题图谱的动因

网民是社交媒体平台网络中的行为主体，在社交媒体平台网络舆情传播中其所表现的信息发布、搜索、浏览、分享等行为特征和规律，是社交媒体平台网络谣言中主题图谱构建的关键。社交媒体平台网络中的意见领袖是在新浪、腾讯、网易等获得个人认证，在社交网络上十分活跃的用户。由于被认证的社交网络用户，在昵称后都会附有类似于大写的"英文字母 V"的图标，网民将这种获得个人认证并拥有众多粉丝的社交用户称为"大 V"，有没有加"V"成为人们衡量信息可信度的一个标准。

被认证的"大 V"在公共舆论中具有很高的公信力和权威性，特别是在公共事件的背后，被大批粉丝追随的"大 V"意见形成了所谓的"政治压力集团"，并控制舆论走向。"大 V"凭借其众多的粉丝关注占据了社交媒体平台网络舆情场的金字塔尖，作为微博公共领域的中坚力量，"大 V"会左右社交媒体平台网络舆情中的用户"想什么"和"如何想"，这就使得自身松散、无组织、稳定性不足的社交网络粉丝群体的思维逻辑会不同程度地受"大 V"言论的影响，并在群体意识的支配下变得思想简单。

因此，构建社交媒体平台网络谣言意见领袖主题图谱，能够识别引导话题传播的关键节点，推动网络舆情向正能量和主旋律方向发展。主题图谱有助于识别舆情健康发展的关键人物节点，并实现对网络谣言话题传播效率、传播路径及意见领袖节点影响力的可视化和预警分析。

二　主题图谱过程模型构建的动因

社交媒体平台网络舆情传播中网络谣言话题"大 V"主题图谱模型的构建，旨在分析社交媒体平台网络谣言中人物主题的实体和用户关系，并确定意见领袖"大 V"的影响力评估方法。由于社交媒体平台网络舆情本身是复杂的，通过主题图谱的建模方式，研究者可以运用成熟的图算法有效分析网络舆情。例如可以通过 Dijkstra 算法分析最短路径、通过 PageR-ank 算法分析意见领袖的影响力等。同时，研究者也可以运用复杂网络的中心性指标去度量图谱中的转发关系，以分析社交媒体平台网络谣言经过意见领袖传播后的传播效果。图谱是一种可视化的数据表达方式，通过主题图谱的构建，不仅可以直观地观察社交媒体平台网络舆情中网络谣言的传播效率、网络谣言的传播路径，也可以通过观察网络舆情中"大 V"所在社群的聚类簇大小，分析判断网络谣言话题中"大 V"的影响力，以帮助相关舆情监管部门进行舆情预警及监控，从而对相关部门进行网络谣言传播中的正向引导起到积极作用。

三　主题图谱构建过程模型

在社交媒体平台网络谣言意见领袖主题图谱的构建过程中，实体和用户关系的提取是重要内容。其中，社交媒体平台网络谣言中的实体为社交网络用户、官媒、事件或评论等，而实体之间的关系提取就是提取出两个实体之间的语义关系①，本章通过主题图谱构建过程模型，说明社交媒体平台网络谣言意见领袖主题图谱的实体及用户关系抽取过程、意见领袖主题图谱中的关系路径分析内容：第一，需要进行话题数据的采集及清理，获取社交媒体平台网络谣言话题的转发、评论和点赞数据，以及网络用户信息；第二，将网络用户的昵称设定为实体，认证信息设定为属性，转发、评论、点赞设定为实体与实体之间的关系；第三，基于认证信息构建意见领袖主题图谱分析的关系路径；第四，通过最短路径、平均路径长度，从节点传播广度上进行传播效率分析；第五，通过中间中心度、接近中心度，从影响深度上进行传播路径分析；第六，计算意见领袖的 PageRank 值，分析意见领袖在社交媒体平台网络谣言中的节点影响力（见图 4-1）。

---

① 孔婧媛等：《跨社交媒体舆情关键节点识别方法及其实证研究》，《现代情报》2024 年第 9 期。

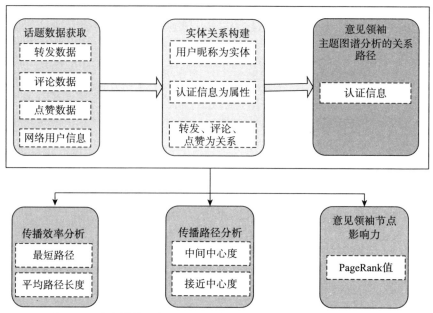

图 4-1 社交媒体平台网络谣言意见领袖主题图谱构建过程模型

第四节 "大V"主题图谱构建过程

一 数据来源

微博在社交网络舆情事件的传播方面具有其他社交媒体平台无法超越的优势。大部分舆情事件是在微博首发，而事件的最新进展也会在微博实时呈现。相比新闻平台的繁重、微信朋友圈的封闭，微博高效开放的特性让它成为网络舆情传播重要的媒体平台[①]。微博是微型博客的简称，属于社交媒体平台，其功能主要是让舆情用户能够随时随地进行信息发布。微博通过关注机制即时分享简短实时信息，具有便捷性、传播性以及原创性等特征。同时，微博是中国最具影响力的社交媒体平台，也是巨大的网络

① 方兴林：《基于学术迹的微博传播力评价方法及效果研究》，《情报资料工作》2019 年第 2 期。

流量入口①。本章选择公众关注的"重庆大巴坠江·非女司机逆行导致"
网络谣言话题作为信息源采集全部数据，建立社交网络舆情空间。

二　数据采集

本章使用 Python 采集舆情用户发布的"重庆大巴坠江·非女司机逆行
导致"关键词下的相关数据。具体步骤如下所示：第一，"重庆大巴坠
江·非女司机逆行导致"的活跃期以 2018 年 10 月 28 日为起始点，2018
年 11 月 6 日为终结点，利用微博高级搜索功能，以"重庆大巴坠江·非女
司机逆行导致"为关键词（包括设置固定地址、关键字，设置搜索的开始
时间、区域，以及邻近网页请求之间的基础时间间隔）；第二，构建 URL，
爬取一次请求中的所有网页，记录本次请求所返回的页数，构建某页的
URL 并存储网页数据；第三，利用 XPath 解析得到微博内容并取得博主地
址，获取昵称、博主资料和相关微博内容；第四，采集 ID、个人资料等字
段；第五，结束该次请求并跳转到下一层请求，循环采集该话题下所有博
主发布的内容以及转发、评论内容，共计收集原始转发数据 22829 条、评
论数据 22832 条、点赞数据 21195 条。

三　数据处理

本章使用 Access 和 Excel 进行数据处理，包括数据清洗、删除无用字
段和数据字段规范化处理。具体步骤如下：首先，删除内容中包含
</script>等超文本字符、图片、未识别格式字段、表情符号及其他非必
要字段和空值的数据；其次，将时间规范为"×年×月×日"格式，进行数
据格式规范化处理；再次，通过 Jieba 分词脚本对获得的文本进行分词，
并进行过滤无关字符和去停用词等处理；最后，对舆情用户的转发、评论
文本进行去重处理，使文本信息的话题性朝着更具"原创性"的方向倾
斜。最终获得转发数据 22811 条、评论数据 22372 条、点赞数据 19986 条
作为研究数据集。

---

① 《2024 微博用户消费趋势报告发布》，手机新浪网，2024 年 12 月 17 日，https：//news. sina.
cn/gn/2024-12-17/detail-inczuert5772102. d. html。

第五节 "大 V" 主题图谱及意见领袖间的关系分析

一 "大 V" 主题图谱

本章基于转发、评论、点赞关系形成数据样本集，基于用户转发操作，建立关系网。使用 Neo4j 知识图谱开源工具对数据进行可视化绘图，并计算最短路径、平均路径长度、中间中心度、接近中心度和 PageRank 值。

本章以"重庆大巴坠江·非女司机逆行导致"网络谣言话题为信息源，以参与舆情传播的用户为节点，以转发、评论、点赞关系为边，以用户认证信息为属性构建主题图谱。其中，设定"平安万州"为源节点，即图 4-2 中心节点；以采集到有认证信息的节点为"大 V"节点，即图中中心节点周围打上标签的节点；普通网络用户、用户认证信息为图中无标签的节点，并建立转发、评论、点赞、认证关系，用开源的知识图谱工具 Neo4j 绘制微博传播中网络谣言话题"大 V"的主题图谱。通过 Neo4j 导入节点数据，使用 Cypher 语言根据转发关系构建节点间的边，最后得到 5333 个非重复节点，11833 条边，其中"平安万州"为源节点，意见领袖节点 1277 个，普通网络用户节点 3321 个，认证信息节点 734 个，转发关系 5214 个，评论关系 5196 个，点赞关系 150 个，认证关系 1273 个。选取与意见领袖有关系的节点与关系进行主题图谱的分析，如图 4-2 所示。

我们从图 4-2 可以看出，在"重庆大巴坠江·非女司机逆行导致"网络谣言话题的主题图谱中意见领袖数据较多，分布也较为广泛，意见领袖与普通网络用户之间的联系较为紧密。从图 4-2 可明显看出，整个图谱结构较为紧密，其中以用户"平安万州"的转发、评论、点赞量最多，意见领袖与普通网络用户以"平安万州"为中心向四周扩散，传播半径较大，覆盖面较广，直接或间接转发、评论、点赞的用户较多。

二 意见领袖之间的关系路径

微博是极具影响力的社交媒体平台，为了保障名人的权益，微博推出名人认证系统。名人认证的标志是在认证用户的名字后增加一个金色的

图 4-2　"重庆大巴坠江·非女司机逆行导致"网络谣言话题"大V"的主题图谱

注：部分展示200个节点，在使用Neo4j数据库进行知识图谱可视化，在节点个数过多时（一般超过25个）会出现节点和节点关系显示不全的情况，余同。

"V"的标志。其中认证账号类型包括节目微博、媒体微博、明星微博、企业微博和记者微博等。其中，认证条件要求其在公众熟悉的某领域内具有一定知名度和影响力。因此，本章基于认证信息确定意见领袖。

在 Neo4j 代码行中输入 MATCH p = (n:'意见领袖')-[:认证]-() WHERE (true) RETURN p，抽取确定意见领袖关系路径知识图谱，微博平台网络谣言话题中意见领袖关系路径知识图谱如图 4-3 所示。

由图 4-3 可知，微博传播中网络谣言意见领袖关系路径知识图谱是一种有向网络关系图，意见领袖节点具有较强的影响力，普通用户节点的传播较易受到意见领袖节点的影响。意见领袖是网络谣言话题传播中的关键人物，知识图谱整体呈现二级传播态势。意见领袖的认证身份信息分布较广，主要集中在主流媒体、自媒体和娱乐博主等领域。其中，娱乐博主社群和动漫博主社群，簇中心化程度较高，表明其社群间联系紧密。而知名互联网资讯博主社群，簇中心化程度较低，表明其社群间联系相对松散。这主要是因为娱乐博主和动漫博主在微博平台上有比较清晰的认证界定，微博认证中直接存在"娱乐博主"和"动漫博主"的认证标签。反观知名互联网资讯博主（知名军事博主、知名财经博主等）并非微博平台直接存在的认证标签，而是以认证信息中某互联网公司的投资人、董事、首席执行官、首席技术官等职位信息进行的综合认证，这类节点本身就具有一定的差异性。

在网络谣言话题空间的形成过程中，意见领袖除了对关注该意见领袖的普通节点产生影响外，意见领袖与意见领袖之间也存在强烈的影响力。对于簇内关系紧密的意见领袖群体。如图 4-3 中的娱乐博主社群内存在多条转发关系及评论关系。在网络谣言监管的过程中，应多投入精力监管这类簇内关系紧密且信息交互频繁的社群。而对于社群内部关系松散的意见领袖社群，如图 4-3 中的知名互联网资讯博主社群，从信息传播的角度来看，存在一定的"孤岛"现象，对于这类社群，应将监管中心放在其意见领袖与其他领域意见领袖的信息交互上。

知识图谱的可视化不仅有助于进行网络谣言传播中意见领袖信息的细粒度查询，使舆情监管部门通过意见领袖的认证信息对网络谣言话题传播进行有效的监管，也有助于研究者借助知识图谱的可视化信息，对网络谣

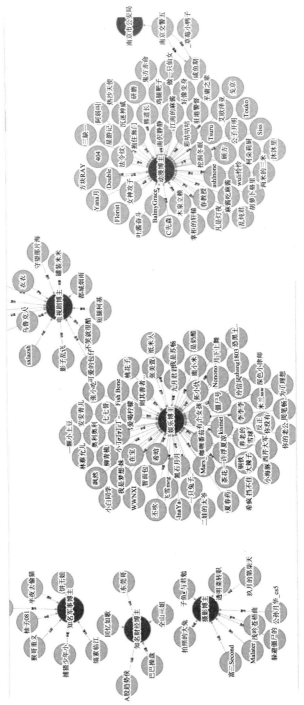

图 4-3　微博平台网络谣言话题中意见领袖关系路径知识图谱

言话题传播过程中某些信息的潜在因果关系进行挖掘分析。

第六节　微博平台网络谣言话题传播
效率及路径分析

一　微博平台网络谣言话题传播效率分析

微博平台网络谣言话题传播效率取决于用户节点间边的长度，通过最短路径与平均路径长度可从节点传播广度上对传播效率进行定量分析。

最短路径用于计算一个节点到其他所有节点的最短路径，常见的最短路径算法是 Dijkstra 算法[①]。通过最短路径计算，可确定微博平台网络谣言话题传播中源节点"平安万州"与意见领袖节点的最短路径，避免出现环路并掌握微博平台网络谣言话题传播网络中最短路径的分布规律。在 Neo4j 代码行中输入 MATCH (n:'源节点') WHERE (true) with n MATCH (m:'意见领袖')WHERE (true) with n,m MATCH r = allShortestPaths ((n)-[*]-(m)) RETURN r，查询源节点至意见领袖节点间的最短路径。知识图谱中的意见领袖节点，由于其处于整个网络的核心位置，其最短路径仅仅依赖于"平安万州"这一源节点以及少数的意见领袖节点。对于处于网络边缘的意见领袖而言，其传播不但依赖于源节点与意见领袖节点，甚至依赖于普通用户节点。图 4-4 以"崆峒公安交警"为例，其传播路径中不单包含意见领袖节点，也包含普通用户节点"百脚陆"。传统的二级传播理论认为，某一舆情对大众的影响依赖于意见领袖[②]。由于技术革新以及传播媒介的不断升级，微博平台的话题传播正呈现单一源、多层级的辐射状传播态势。意见领袖节点与普通用户节点间不单是传统认知中的单向舆情传播，而是频繁交互的态势。意见领袖节点与普通用户节点之间的壁垒随着舆情的不断传播而得到一定程度的弱化，使社交媒体平台网络谣言向更为扁平及无序的方向传播。

---

① 周忠玉等：《图论最短路径算法的图形化演示及系统设计》，《电脑知识与技术》2016 年第 18 期。

② 韩雅男：《二级传播与沉默的螺旋理论在微博使用中的解析》，《新闻传播》2012 年第 10 期。

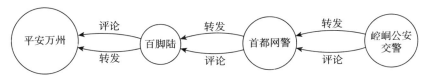

图 4-4　部分微博平台网络谣言话题传播源节点"平安万州"与
意见领袖节点的最短路径

平均路径长度是网络传播中一个重要的特征度量指标，是网络中所有
节点对之间的平均最短距离。平均路径长度衡量的是网络的传输性能，平
均路径长度的计算公式见式（4-1）。其中，N 为网络中所有节点数，d 为
节点 i 与节点 j 之间的最短路径长度①。通过计算网络中所有节点对的平均
距离，可以得出微博平台网络谣言话题传播的时间长短。

$$L = \frac{1}{\frac{1}{2}N(N+1)} \sum_{i \geqslant j} d_{ij} \qquad (4-1)$$

通过计算，微博平台网络谣言话题中信息源节点与意见领袖节点间的
平均路径长度为 0.45，数值较小，这表明微博平台网络谣言话题的整体是
一个小世界网络。意见领袖的存在，保障了在这个小世界网络中信息的快
速传播，减少了传播过程中的高昂代价。同时，结合最短路径上的节点分
析（见图 4-4），意见领袖已不再是传播路径上的必要中介节点，某些意
见领袖节点也需要通过普通用户节点进行信息的转发与评论，这使得普通
用户节点的信息传播作用逐渐增大。随着舆情的不断发酵，信息传播的壁
垒被逐渐弱化，网络传播中的平均路径长度将逐渐增大，整个小世界网络
朝着更加扁平化、无序化的大世界网络发展。

二　微博平台网络谣言话题传播路径分析

微博平台网络谣言话题的传播路径可通过中间中心度和接近中心度，
对微博平台网络谣言话题意见领袖节点处于中心地位的程度进行定量分
析，从影响深度上找出微博平台网络谣言话题传播路径上的关键节点。

---

①　Mao, G., Zhang, N., "Fast approximation of average shortest path length of directed BA net-
works", *Physica a Statistical Mechanics & Its Applications* 466（9），2017，pp. 243-248.

中间中心度表明了某一节点充当最短路径上的节点数目。意见领袖节点的中间中心度 TOP10 数据如表 4-1 所示。数值越高，表明该节点充当最短路径节点的次数越多，该节点出现在网络中最短路径上的频率越高[①]。从表 4-1 可以看出，意见领袖节点的知识图谱，中间中心度一般较低，大多数意见领袖节点一般仅作为少数几条最短路径上的节点，这可能与传统的认知相悖。但即便是这样，就关注意见领袖的普通节点而言，意见领袖节点对其影响依旧巨大，由意见领袖节点处转发的舆情，仍然是网络谣言话题传播的最短路径。由于微博平台传播的开放性，意见领袖节点掌握的网络谣言话题资源转发自源节点，整个网络传播结构从源节点处呈星射线状向四周发散。作为网络谣言话题传播的中介节点，某一意见领袖节点很难做到话题资源在传播过程中的再次汇集，仅仅作为网络谣言话题高速传播的渠道。就传播效率而言，关键舆情人物节点保障了传播链的高效性，大部分节点处于最短路径之上。就单一节点的中间中心度而言，意见领袖节点较低的中间中心度说明了单个意见领袖节点不具备左右网络谣言话题传播的能力。就舆情监管部门的监管压力而言，监管压力的来源从传统的重点监控对象变为一个群体，对拓宽监管的范围提出了更高的要求。

表 4-1　中间中心度 TOP10

序号	意见领袖节点	中间中心度
1	鸟窝里的猫妖	6
2	小剑老师	2
3	一颗小小粒	2
4	小梧桐	4
5	衣衣要一夜暴富走上人生巅峰	2
6	热沙天使	1
7	林水妖	1
8	公安部交通安全微发布	1
9	WWNXIi 尼	1
10	黄鱼 Veda	1

---

① 王晰巍等：《新媒体环境下社会公益网络舆情传播研究——以新浪微博"画出生命线"话题为例》，《数据分析与知识发现》2017 年第 6 期。

接近中心度反映了在知识图谱中某一节点与其他节点间的接近程度。对于一个节点，它距离其他节点越近，那么它的接近中心度越大①。意见领袖节点知识图谱的接近中心度 TOP10 数据如表 4-2 所示。数据表明，意见领袖节点的接近中心度数值较高，如"新京报""开水族馆的生物男"等节点，可以在较短的路径上将信息传递给较多的网络用户。我们可以看出，意见领袖节点与普通用户节点之间的联系较为紧密，意见领袖节点比较容易将信息传递给普通用户节点。就网络谣言话题传播而言，普通用户节点对于意见领袖节点有一定的依赖性，形成了以意见领袖为中心的簇。在这些簇中，意见领袖节点对普通用户节点的影响较为明显。意见领袖节点相较于普通用户节点拥有更多的单向关注，而意见领袖之间的联系则较为松散，通常缺乏直接的关注关系。这导致意见领袖节点的接近中心度远远高于整体网络的接近中心度的平均值。在网络谣言话题传播的过程中，网络谣言会在意见领袖节点处呈现一定的集中趋势，依赖意见领袖节点的影响力，进行二级传播。

表 4-2　接近中心度 TOP10

序号	意见领袖节点	接近中心度
1	新京报	32.25
2	开水族馆的生物男	29.91
3	天涯历知幸	25.97
4	鸟窝里的猫妖	25.52
5	来去之间	23.88
6	筆木魚_	22.75
7	黄鱼 Veda	19.38
8	秋田六千	19.38
9	urnotdongdong	19.05
10	凤凰网	19

① 王曰芬等：《微博舆情社会网络关键节点识别与应用研究》，《情报资料工作》2016 年第 3 期。

三 意见领袖节点影响力分析

意见领袖具有对其他普通网络用户的行为、思想或决定等产生影响的能力。在对微博平台网络谣言话题传播中意见领袖知识图谱进行节点影响力分析后，可以识别出影响力较高、较活跃的网络舆情传播的关键人物，通过对这些用户进行重点监管，可以正确引导网络舆情走向[1]。

我们从图4-3可以看出，与整体的知识图谱相比，意见领袖节点之间的关系更为松散。可见，在网络谣言话题传播的过程中，意见领袖节点之间保持着相对独立性。从意见领袖的角度出发，相较于普通用户节点，其更不容易受到别人言论的影响。针对某一微博平台网络谣言话题，意见领袖更愿意发表自己的见解，鲜有直接转发、评论或点赞其他博主的行为。而一旦某一意见领袖节点的言论被其他意见领袖节点转发，将会极大地提升该意见领袖节点在整个网络谣言话题传播过程中的影响力。如图4-5所示，"开水族馆的生物男""来去之间""天涯历知幸"等的言论被多个意见领袖节点转发，在前面的分析过程中我们也可以发现这些节点在各个度量指标上处于领先位置。这类节点处于整个网络中的核心位置，即整个网络谣言话题传播过程中的"大V"。

社交媒体网络舆情中节点的度是指与此节点直接相连的边的数量。由于微博传播中网络谣言话题意见领袖知识图谱是一种有向网络关系图，其入度是指从其他节点指向该节点的边的数目，出度是指该节点指向其他节点的边的数目[2]。本章在构建微博平台网络谣言意见领袖主题图谱时，将每个参与话题讨论的用户视为一个节点。某一节点的微博被其他用户转发、评论或点赞的次数即为该节点的入度；相应地，节点转发、评论或点赞其他用户微博的次数则为其出度。

在有向图中，入度较高的节点通常作为信息的中介，接收来自其他节点的信息；而出度较高的节点则往往具有较强的权威性，对其他节点的影

---

① 王玙、刘东苏：《基于PageRank的动态网络核心节点检测及演化分析》，《情报学报》2018年第7期。

② 仇智鹏等：《度相关性对复杂网络目标控制的影响》，《计算机科学与探索》2018年第4期。

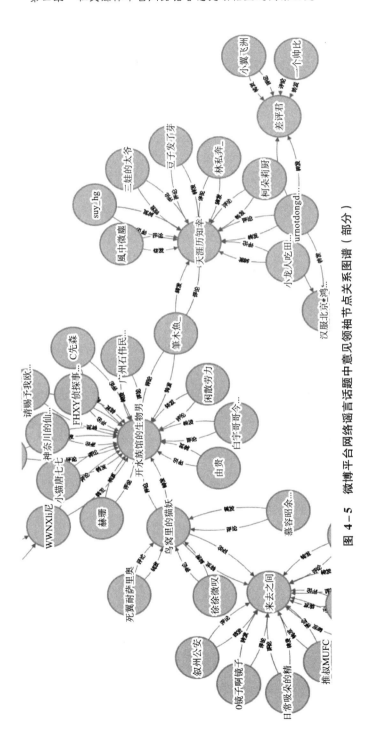

图 4 - 5　微博平台网络谣言话题中意见领袖节点关系图谱（部分）

响力较大，且输出信息较多。节点的点度中心度越高，该节点在网络中越重要。由于 PageRank 的计算综合了点度中心度以及网络传播的特点，PageRank 值表明了意见领袖在整个知识图谱中的核心作用。PageRank 算法是使用最广泛的网页排名算法，可用于各种有向或无向、有权或无权网络中的节点影响力分析[①]，PageRank 值高的关键节点代表了网络中的核心节点，进而可对微博平台网络谣言话题传播中意见领袖的影响力做出判断。意见领袖关键节点影响力 TOP10 数据如表 4-3 所示。

表 4-3　意见领袖关键节点影响力 TOP10

序号	意见领袖关键节点	PageRank 值
1	新京报	2.34
2	开水族馆的生物男	2.19
3	秋田六千	1.41
4	来去之间	1.40
5	平安重庆	1.17
6	天涯历知幸	1.15
7	吃斋的猫 2011	0.97
8	凤凰网	0.95
9	颜文字君	0.92
10	传媒老跟班	0.92

表 4-3 数据表明，意见领袖关键节点影响力较大的是"新京报"和"开水族馆的生物男"，PageRank 值分别为 2.34 和 2.19，说明"新京报"和"开水族馆的生物男"的节点影响力较大，是微博平台网络谣言话题传播中的核心节点，在网络谣言话题的传播过程中起到重要的作用，是绝对意义上的"大 V"节点，应作为舆情监管部门重点监管的对象。从监管的角度而言，由于网络监管的复杂性，监管人员很难通过计算单一的指标准确定位监管对象。PageRank 值的计算能帮助监管部门快速定位网络中的核心节点，由于 PageRank 值的计算是静态的，在网络谣言话题传播中，除了

---

① 楼雯等：《融合依存句法网络和 PageRank 的检索词推荐方法研究》，《情报学报》2023 年第 11 期。

转发、评论、点赞关系外，不依赖节点的其他信息，节点的 PageRank 值通过离线计算获得，这对于有效减少在线计算量，降低舆情响应时间有着很重要的实践意义。同时，研究意见领袖的信息传播路径、传播效率及节点影响力，有助于通过识别海量用户中的意见领袖，对意见领袖的观点、发帖及信息传播路径进行监管和引导，从而有助于监管部门在舆情事件的传播过程中更好地发挥监测与预警作用。

第七节 本章小结

本章基于信息人的相关理论，结合知识图谱和 Neo4j 构建社交媒体平台网络谣言意见领袖主题图谱，并对"重庆大巴坠江·非女司机逆行导致"网络谣言话题中的实体及用户关系进行分析，确定意见领袖的关系路径分析参数。本章在第三章社交媒体平台网络谣言传播机理的基础上，详细揭示了信息人在社交媒体平台网络谣言传播中的作用，是第五章进一步从信息层面进行研究的基础。

本章的研究及结论如下。

第一，本章基于信息人理论，结合知识图谱和 Neo4j 构建社交媒体平台网络谣言意见领袖主题图谱。以网络谣言话题"重庆大巴坠江·非女司机逆行导致"为例，采集微博相关转发、评论、点赞数据。构建基于网络谣言意见领袖主题图谱的实体及用户关系，确定意见领袖的关系路径分析参数；使用开源知识图谱工具 Neo4j 对数据进行主题图谱构建，利用 Cypher 语言对意见领袖的传播效率、传播路径和关键节点影响力进行分析。大数据驱动的社交媒体平台网络舆情传播中网络谣言关系路径主题图谱可视化分析，可以对相关舆情监管部门有效监管和正确引导社交媒体网络舆情起到重要的指导和推动作用。

第二，从微博平台网络谣言话题传播效率分析结果可以看出，意见领袖节点与普通用户节点间不单是传统认知中的单向舆情传播，而是频繁交互的态势。意见领袖已不再是传播路径上的必要中介节点，某些意见领袖节点也需要通过普通用户节点进行信息的转发与评论，这使得普通用户节点的信息传播作用逐渐增大。意见领袖节点与普通用户节点之间的壁垒随着舆情的不断传播而得到一定程度的弱化，网络传播中的平均路径长度逐渐增大，整个小世界网络朝着更加扁平化、无序化的大世界网络发展。

第三，从微博平台网络谣言话题传播路径分析结果可以看出，作为网络谣言话题传播的中介节点，某一意见领袖节点很难做到话题资源在传播过程中的再次汇集，仅仅作为网络谣言话题高速传播的渠道。就单一节点的中间中心度而言，意见领袖节点较低的中间中心度说明了单个意见领袖节点不具备左右网络谣言话题传播的能力。就舆情监管部门的监管压力而言，监管压力的来源从传统的重点监控对象变为一个群体，对拓宽监管的范围提出了更高的要求。意见领袖节点与普通用户节点之间的联系较为紧密，意见领袖节点比较容易将信息传递给普通用户节点。就网络谣言话题传播而言，普通用户节点对于意见领袖节点有一定的依赖性，形成了以意见领袖为中心的簇。在这些簇中，意见领袖节点对普通用户节点的影响较为明显。意见领袖节点相较于普通用户节点拥有更多的单向关注，而各意见领袖节点之间的联系则较为松散，通常不具备相互关注关系。

第四，从意见领袖节点影响力分析结果可以看出，与整体的知识图谱相比，意见领袖节点之间的关系更为松散。可见，在网络谣言话题传播的过程中，意见领袖节点之间保持着相对独立性。从意见领袖的角度出发，相较于普通用户节点，其更不容易受到别人言论的影响。针对某一微博平台网络谣言话题，意见领袖更愿意发表自己的见解，鲜有直接转发、评论或点赞其他博主的行为；而一旦某一意见领袖节点的言论被其他意见领袖节点转发，将会极大地提升该意见领袖节点在整个网络谣言话题传播过程中的影响力。

第五，本章综合分析表明，拥有意见领袖身份的信息人是网络谣言话题传播的关键人物，意见领袖节点具有较强的影响力，普通用户节点的传播极易受到意见领袖节点的影响。同时社交媒体平台网络舆情的知识图谱整体呈现二级传播态势，示单个意见领袖节点不具备左右网络谣言话题传播的能力，意见领袖节点与普通用户节点的壁垒随着网络谣言的不断传播将得到一定程度的弱化，使社交媒体平台网络谣言向更为扁平及无序的方向传播。与传统的二级传播理论所处的历史环境相比，社交媒体平台网络谣言传播不再依赖于传统纸媒或单一中心化的传统媒体（广播、电视等），网络谣言传播的速率进一步提升，网络谣言传播的最短路径不再依赖少数意见领袖，而转为依赖整个意见领袖群体。这些意见领袖由二级传播中的次级舆情提供者，逐步转变为与大众趋同的舆情传播者。意见领袖与大众之间的壁垒逐步减弱，信息源的中心性得到进一步凸显。信息传播规律呈现多样化和复杂化的态势，监管目标由少数逐步向某一特征群体过渡。基于信息人理论构建社交媒体平台网络谣言意见领袖主题图谱，有助于分析意见领袖在网络谣言流转中的作用，有助于对意见领袖的观点、发帖及信息传播路径进行监管和引导，从而可以帮助监管部门在网络谣言舆情事件的传播过程中更好地发挥监测与预警作用，并为后续从信息人角度提出网络谣言治理策略奠定基础。

第五章　社交媒体平台网络谣言
甄别及仿真研究

本章在第三章社交媒体平台网络谣言传播机理分析的基础上，基于信息理论，利用区块链技术和 UML 图形构建社交媒体平台网络谣言甄别模型，通过仿真实验对基于区块链的网络谣言甄别模型进行验证及分析，运用区块链的特点追溯网络谣言源头并对网络谣言进行甄别。结合"塑料大米"网络谣言话题，通过"矿工"对信息进行加密、校验、广播、存储，识别网络谣言源头并对网络谣言进行甄别，形成网络谣言自净机制，重点分析如何利用区块链保证舆情信息传播的安全性及可追溯性，以及对网络谣言进行净化和保证舆情信息完整性。

第一节　社交媒体平台网络谣言甄别问题的提出

随着社交网络普及率的提高及应用程度的加深，社交媒体平台已经成为互联网信息传播的重要媒介①。社交媒体平台能够提供各种内容分享功能，是一个能够相互交流、相互沟通和相互参与的互动平台，可以为大众提供娱乐休闲生活服务②。社交媒体平台是一个自由宽松的网络空间，网络上的谣言层出不穷会严重危害社会以及网络秩序的稳定，对信息生态系统的和谐发展可能产生不良影响。近年来，网络谣言的甄别和治理成为舆情监管部门及学者关注的新问题。现有研究主要分为以下两类：一类是利

---

① 王晰巍等：《基于区块链的网络谣言甄别模型及仿真研究》，《情报学报》2021 年第 2 期。
② 郑建国等：《基于情境的社交网络信息传播链路预测研究》，《情报理论与实践》2018 年第 6 期。

用社交网络的图结构，以复杂网络分析为理论基础，研究网络谣言的传播模式；另一类是利用自然语言处理的相关技术，以用户的评论信息为数据基础，实现基于内容的谣言识别。然而，传统的社交网络结构往往缺乏准确有效的技术手段对网络谣言的发布者进行追溯，在舆情监管实践中，对于网络谣言的甄别和溯源一直是一个难点。

针对以上问题，本章基于信息生态要素中的信息要素，追溯信息源节点以及甄别社交媒体平台中的网络谣言信息。信息理论认为，信息文本是信息的表现形式，整个信息流转链可以看作信息人所进行的信息行为。信息能够改变信息人的知识结构并指导和影响信息人的决策。本章尝试运用区块链技术实现社交媒体平台网络结构的重构，并基于评论信息进行网络谣言的甄别，这是维护舆情健康发展的重要基础，能够为舆情监管提供一定的指导和借鉴。

具体而言，区块链重新定义了社交媒体平台网络中信息的存储和传播方式，从而保证了网络中的数据不被非对称加密算法篡改和伪造，使得网络用户对区块链数据信息的状态达成一致。从区块链的研究和发展现状来看，区块链技术不仅仅适用于经济金融方面，更适用于信息加密、知识产权等方面。而且，区块链技术将会从技术层面帮助网络舆情进行传播内容、传播方式、网络安全和隐私安全等的优化与创新。在应对虚假新闻等网络谣言方面，区块链技术的可追溯性，使得其非常适合用来追溯谣言信息的源头。通过设计基于评论内容的工作量证明机制，可以有效地构建网络谣言甄别模型，从而进一步增强识别网络谣言的能力。传统的非基于区块链的网络谣言甄别模型中，较多使用机器学习对信息进行真实性的识别[①]。本章基于信息理论，旨在利用区块链技术重构社交媒体平台网络结构，保证信息在社交媒体平台传播的可追溯性。在此基础上，本章利用评论信息进行网络谣言甄别，提供一种去中心化的可信任机制，根据节点间的语义相似度动态调节节点接入区块链的难度，并利用区块链中的工作量证明机制，使得社交媒体平台对网络谣言传播具有一定的自动

---

① Yahui, L., et al., "Towards early identification of online rumors based on long short term memory networks", *Information Processing and Management* 56, 2019, pp. 1457–1467.

过滤能力。本章也为后续提出社交媒体平台网络谣言治理策略提供了理论依据。

第二节　社交媒体平台网络谣言甄别模型

一　区块链 UML 图

区块链技术提供一种去中心化的可信任机制，其思想是以众多网络节点替代可信任的权威机构，即实现全网共同见证，最终达成一个共识机制[①]。在网络谣言的甄别中，这种共识机制即全网大多数用户对某一信息的共同认知。以区块链技术为基础，对于一条需要确认的信息，可通过区块链的工作量证明机制进行认证。在网络舆情环境中，这种认证方式可应用于意见领袖对权威机构发布的信息进行转发和评论等行为。具体实现方式为，随机找到一个可信任的第三方节点，通过第三方确认消息，再运用广播机制，由该第三方节点向全网扩散，通过全网大多数人的共同认知辨别网络传播信息的真伪。以下用 UML 图来说明本章所使用的区块链技术，具体如图 5-1 所示。

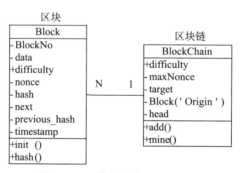

图 5-1　区块链技术 UML 图示

---

① 赵丹等：《区块链环境下的网络舆情信息传播特征及规律研究》，《情报杂志》2018 年第 9 期。

二 区块链属性

在 UML 图中，Block 表示区块链的源节点，每个区块中都包含 8 个属性。其中 BlockNo 表示区块编号，为区块的唯一索引，此处可认为是该区块的一个数字签名。data 表示区块中所存储的信息。由于区块链本身为比特币的技术支撑，一般存储的信息为交易记录①，本章将其运用在社交媒体平台网络谣言甄别模型中，用于存储社交媒体平台网络中的舆情信息。difficulty 为"挖矿"难度，决定了该区块计算随机数的复杂度，其复杂度越高，计算的开销越大，链入区块链越困难；nonce 是用一次的随机种子，用来产生一个唯一的随机数。hash 为哈希值，既可以作为区块的唯一标识，也能用来检验该区块是否可靠②。next 为指向下一个区块的指针，使得区块与区块之间像链子一样串联起来。previous_hash 为指向前一个区块链哈希值的指针。timestamp 为时间戳，用于表示存储节点的时间信息③。

区块类还包含两种方法，一种是初始化方法，也就是将新产生的舆情信息保存在该区块中④；另一种是哈希算法。本章所使用的是 SHA-256 散列函数。SHA-256 散列函数能够生成一个唯一的 256 位的数⑤。哈希算法的输入为 5 个部分的 unicode 编码之和，这 5 个部分分别是区块的随机种子 nonce，区块所存储的数据 data，前一个区块链哈希值的指针 previous_hash，时间戳 timestamp 以及区块编号 BlockNo。这样的计算方式大大提升了后续算法中"挖矿"计算的随机性，使得散布谣言的网络节点很难篡改原始内容。

---

① Muhammad, M., et al., "Renovating blockchain with distributed databases: An open source system", *Future Generation Computer Systems* 1 (90), 2019, pp. 106-117.

② Kraft, D., "Difficulty control for blockchain-based consensus systems", *Peer-to-Peer Networking and Applications* 9 (2), 2016, pp. 397-413.

③ Dorri, A., et al., "Block chain: A distributed solution to automotive security and privacy", *IEEE Communications Magazine* 55 (12), 2017, pp. 119-125.

④ Pierro, M. D., "What is the blockchain?", *Computing in Science & Engineering* 19 (5), 2017, pp. 92-95.

⑤ Algredo-Badillo, I., et al., "FPGA-based implementation alternatives for the inner loop of the Secure Hash Algorithm SHA-256", *Microprocessors & Microsystems* 37 (6-7), 2013, pp. 750-757.

从网络谣言的视角来看，BlockNo 提供了用户的身份标识，以证明用户的身份。由于本章的区块链模型是在原有社交媒体平台的基础上进行的区块链重构，这种方式可以有效地利用原有平台的身份验证信息。data 代表了用户的评论信息，而评论信息的发布过程则看成接入区块链的过程。difficulty 这一"挖矿"难度确定了其接入区块链的难易程度，由评论信息本身决定。本章利用相似度函数来动态调节"挖矿"难度。区块链中的散列函数由用户的签名、评论信息以及时间戳等因素决定，这一方面保证了区块的随机性（生成一个"第三方"的区块），另一方面也保证了数据的安全性。

区块链 BlockChain 表示"不同区块 Block 连成的链"。本章所使用的区块链，其源节点为舆情信息发布的源节点。由图 5-1 可知，区块链类包含 5 个属性，其中 difficulty 为其所有子区块中"挖矿"难度的总和，max-Nonce 为最大随机数，用来表示随机算法计算开销的上限，具体计算如式（5-1）所示。其中 tgt 表示目标（target）哈希值可接受的范围，$diff$ 为子区块中"挖矿"难度（difficulty）的总和。

$$tgt = 2^{(256 - diff)} \tag{5-1}$$

从式（5-1）可以得出，某一区块的"挖矿"难度越高，哈希值的范围就越小，即接入区块链也就越困难。区块链上每一个区块的加入经过"挖矿"方法随机计算得出。每一个区块的"挖矿"难度根据其与信息源文本相似度的不同而变化，相似度越高则难度越低，反之相似度越低则难度越高。区块链将所存储的舆情信息经过 SHA-256 散列运算后转换成哈希值，使数据的安全性大大提升。

三 区块链工作方法

区块链包含两种工作方法，一种方法是随机"挖矿"算法，另一种方法是添加节点。本章采用随机"挖矿"算法，即工作量证明机制（POW）。工作量证明机制简单理解就是一份证明，且是用工作结果来证明工作过程的机制，也是当前广泛应用于去中心化系统的机制[1]。同时，工

---

[1] Lepore, C., et al., "A survey on blockchain consensus with a performance comparison of PoW, PoS and pure PoS", *Mathematics* 8 (10), 2020, p. 1782.

作量证明又被称作"挖矿"，它以挖到的"矿"的量来证明其"挖矿"的过程①。区块链相当于一个"矿区"，区块链上的每一个节点相当于矿区中的一个"矿工"，工作量证明机制是以节点计算得到的哈希值来证明节点真正参与了计算，就像矿工用采到的矿来证明其参与了采矿的过程。在不同节点计算能力相同的假设下，某一区块"挖矿"的复杂度，仅由难度来决定。

第三节　基于区块链的网络谣言甄别模型构建

一　基于区块链的网络谣言甄别模型的前提假设

（一）前提假设

基于对区块与区块链的设定，本章在研究中提出三条基于区块链的社交媒体平台网络谣言甄别模型的前提假设。①网络舆情的源节点需为权威机构所发布的真实信息，时间戳最早。若某节点的时间戳早于源节点，则直接判定为谣言②。②存在某相似性计算算法，衡量新舆情与源节点处舆情的相似度③。③有足够多请求接入区块链的节点，且不同节点的计算能力相同④。

社交媒体平台网络中的舆情传播方式大致分为两种，一种为直接转发，另一种为评论转发。有学者将区块链的不可篡改、可追溯机制应用于社交媒体平台中转发网络谣言的相关研究，而并未对社交媒体平台网络中的评论信息进行甄别。因此，本章将会针对这两类传播途径进行详细阐述并分析区块链如何通过节点时间戳，递归地追溯信息源节点，进而有效地甄别网络谣言信息。

---

① Alharby, M., Moorsel, A. V., "The impact of profit uncertainty on miner decisions in block-chain systems", *Electronic Notes in Theoretical Computer Science* 10（340），2018, pp. 151-167.

② Aste, T., et al., "Blockchain technologies: The foreseeable impact on society and industry", *Computer* 50（9），2017, pp. 18-28.

③ 陈二静、姜恩波：《文本相似度计算方法研究综述》，《数据分析与知识发现》2017 年第 6 期。

④ Rani, P., et al., "Blockchain-based rumor detection approach for COVID-19", *Journal of Ambient Intelligence and Humanized Computing* 15（1），2024, pp. 435-449.

（二）直接转发的网络谣言甄别

若网络谣言的传播途径为直接转发，则网络谣言的甄别过程较为容易。由于区块链的不同区块中包含源节点时间戳，对于早于源节点时间戳的区块可直接判定为网络谣言，并禁止接入区块链（在仿真实验过程中将区块的"挖矿"难度调至最大即可）。此外，区块链的结构特性也保障了对传播路径的有效验证，由于每一个区块都有 previous_hash，因而存储了其父节点的信息，网络谣言甄别时可以一直追溯到头节点。如果头节点并非源节点，则需要参照评论转发的方法进行甄别。

（三）评论转发的网络谣言甄别

若网络谣言的传播途径为评论转发，则甄别过程相对复杂。评论转发经常被网络谣言传播者利用。网络谣言传播者通常转发某一权威机构的信息，再别有用心地断章取义，从而造成网络谣言的传播。又因为这类网络谣言是转发自权威机构的评论信息，此类网络谣言的甄别也相对复杂，但区块链的存储结构，对这类网络谣言可以做到有效的预防和甄别。

需要判定该评论信息与源节点处信息的相似程度，可通过相似度函数进行比较。一般认为，文章相似度可表示为 ［0，1］ 之间的实数，该实数可通过计算语义距离获得。相似度同语义距离成反比关系，相似度越高则语义距离越小；反之，相似度越低则语义距离越大[①]。文本相似度可形式化地表示为式（5-2）。其中，$Dis(S_A，S_B)$ 表示文本 S_A、S_B 之间的非负语义距离，α 为调节因子，为保证语义距离为 0 时的计算意义，本书 α 的取值为 10^{-6}。

$$Sim(S_A，S_B) = \frac{\alpha}{Dis(S_A，S_B) + \alpha} \tag{5-2}$$

本章基于词袋模型的隐含狄利克雷分布（Latent Dirichlet Allocation，LDA）方法计算文本相似度[②]。词袋模型的基本思想是不考虑词语在文档

---

① 谷重阳等：《基于词汇语义信息的文本相似度计算》，《计算机应用研究》2018 年第 2 期。
② 熊大平等：《一种基于 LDA 的社区问答问句相似度计算方法》，《中文信息学报》2012 年第 5 期。

中的出现顺序，仅将文档表示成词语的组合，这种假设非常适用于上下文信息不充分的社交媒体网络评论信息分析。LDA 主题模型为一个三层的贝叶斯概率模型，包含文档、主题和词三层结构[①]。采用其计算评论信息相似度的基本思想是，对评论信息进行主题建模，并在主题对应的词语分布中抽取词语，得到评论信息的主题分布，再依据这个分布计算 JS 散度，用作相似度度量方式。具体如式（5-3）、式（5-4）所示。其中，$P(x)$、$Q(x)$ 表示不同评论信息的主题分布，KL 为 Kullback-Leibler。通过这样的距离函数，可以计算节点与源节点的相似程度。如果相似程度较高，则降低该区块的"挖矿"难度；反之，如果相似程度较低，则增加该区块的"挖矿"难度。通常情况下，若某一节点为网络谣言传播者，其信息与源节点的相似度较低，且网络谣言传播者一般会持续地散布谣言。

$$JS(P \parallel Q) = \frac{1}{2}KL\left[P(x) \parallel \frac{P(x) + Q(x)}{2} \right] + \frac{1}{2}KL\left[Q(x) \parallel \frac{P(x) + Q(x)}{2} \right]$$

$$(5-3)$$

$$KL(P \parallel Q) = \sum P(x) \log \frac{P(x)}{Q(x)}$$

$$(5-4)$$

在区块链模型的设定下，该条区块链上的"挖矿"难度会不断提升，由于一条区块链的"挖矿"难度直接决定了该区块链接入主区块链的可能性，在有足够多节点请求接入区块链的前提下，散布网络谣言的节点由于其"挖矿"难度的不断提升，是很难接入区块链的。区块链"挖矿"算法的存在，加强了对这类节点的甄别。

二　基于区块链的网络谣言甄别模型

一个健壮的网络谣言甄别模型，自身需要具备谣言过滤算法，以保证能够进行谣言的自净。本章基于区块链构建的社交媒体平台网络谣言甄别模型如图 5-2 所示。

---

① 王晰巍等：《基于 LDA 的微博用户主题图谱构建及实证研究——以"埃航空难"为例》，《数据分析与知识发现》2020 年第 10 期。

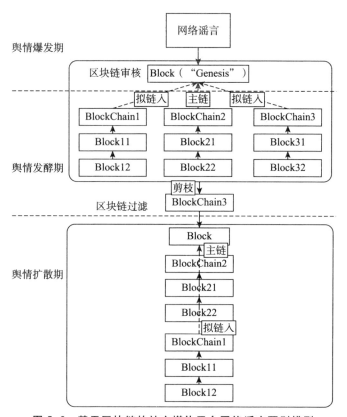

图 5-2 基于区块链的社交媒体平台网络谣言甄别模型

第四节 网络谣言甄别过程及仿真实验设计

一 仿真数据来源

微博是由新浪推出的一款为大众提供娱乐休闲生活服务的信息分享和交流平台，并且已成为众多新媒体平台中在线人数及影响力最为广泛的网络社交媒体[①]。在网络谣言代表性信息源的选择上，本章选择公众关注的微博热点网络谣言食品安全类的话题作为信息源采集研究对象，建立话题

---

① 王晰巍等：《基于贝叶斯模型的移动环境下网络舆情用户情感演化研究——以新浪微博"里约奥运会中国女排夺冠"话题为例》，《情报学报》2018 年第 12 期。

空间。根据《食品谣言治理报告》发布的食品药品类谣言敏感程度，选取"十大食药谣言榜单"中"塑料大米"这一网络谣言话题作为研究主题①。之所以选择这一网络谣言话题，是因为这一话题涉及广大网民非常关注的食品安全问题，与群众的生活息息相关，具有广泛的受众。而且，"塑料大米"这一话题涉及较多的专业知识，对缺少相关知识背景的网民有一定的误导性，容易造成信息不对称。截止到 2018 年 3 月，微博"塑料大米"话题有 3326.7 万人阅读，评论数共计 3.9 万条，在该话题空间下，"央视新闻"关于该话题的转发共计 3545 条，评论数为 2776 条。"人民日报"关于该话题的转发为 2759 条，评论数为 1091 条。

二　网络谣言甄别过程

（一）舆情爆发期及区块链审核

舆情爆发期即舆情萌芽阶段，此时的舆情话题本身就有可能是谣言。在此阶段，舆情话题信息需要经过权威机构发布后才能被认证为真实信息。此时，可以通过区块链技术进行舆情审核，可以先构建区块链源节点 Block（"Genesis"），这个节点代表权威机构。初始舆情话题经过权威机构审核后发布。若初始舆情话题被认证为网络谣言，则需要进行辟谣。

通过区块链的审核，权威机构可掌握舆情的真实性，并预估舆情传播有可能带来的社会影响，及时发布舆情辟谣信息，从而保障公民的知情权。在这一阶段中，区块链源节点（"Genesis"）处存储的信息为整个区块链中的唯一比对信息。相似度函数是用来比较该节点处所存储的信息与不同区块中信息的相似程度的，用以在舆情发酵期动态调节下游区块链的"挖矿"难度。源节点的时间戳是区块链中的最早时间戳，若舆情发布节点的时间戳早于该时间戳，则直接判定为网络谣言。

（二）舆情发酵期及次级区块链剪枝

在舆情发酵期可能会形成次级区块链。在此阶段，每条次级区块链的头节点代表了较早参与舆情传播的网络用户，在不考虑源节点的情况下，

---

① 《〈食品谣言治理报告〉发布食品药品类谣言敏感程度》，中国质量新闻网，2017 年 7 月 13 日，http://www.cqn.com.cn/zgzlb/content/2017-07-13/content_4563191.htm。

其时间戳最早。依照本章所建立的假设，若其时间戳早于源节点的时间戳，则直接判定其为网络谣言。同时，每条次级区块链依照舆情的转发关系链接而成，为降低分析的复杂性，本章只考虑直接转发这种情况。若为评论转发，则该节点相当于次级区块链的源节点，从而衍生为主区块链的一部分，符合区块链的递归结构。由于区块链的安全性，转发过程中的信息是不可篡改的，这样保证了转发信息的真实性。

此阶段可通过区块链实现舆情的过滤，依照相似度算法和"挖矿"算法，从各条次级区块链尾端的节点开始，沿前向指针遍历区块链，累计"挖矿"难度，最终将"挖矿"难度的累计值存储到该条次级区块链的头节点处。"挖矿"难度越高的区块链头节点，其接入区块链源节点的可能性也就越低。由于"挖矿"算法的随机性，在给定相似度算法有效的前提下，经过足够长的时间，由网络谣言信息组成的次级区块链将被有效地剪枝，从而无法接入主区块链。

（三）舆情扩散期

在网络舆情的演化过程中，过滤期与扩散期共同构成了信息由混乱走向秩序、由分散走向共识的关键阶段。舆情过滤期是指舆情初始爆发后、形成广泛传播前的信息筛选阶段。在此阶段，网络中涌现大量观点、言论与评论，信息的真假难以立刻辨别，舆情呈现高度的不确定性与动态性。舆情进入过滤期后，随即进入舆情扩散期，扩散操作相当于一种共识机制，从区块链数据结构的角度而言，相当于进行区块链剪枝。经历扩散操作后，区块链中的每一个节点，都将存储整个区块链的舆情信息，从而形成整个网络舆情的共识机制。区块链在经历足够长时间的过滤期后，能够有效地过滤掉网络谣言，使得在扩散后的舆情网络具备高度的真实性。从舆情扩散的角度而言，此时的舆情网络对于网络谣言有着较强的抵御力。

三 仿真实验

为对前文所构建的基于区块链的社交媒体平台网络谣言甄别模型进行进一步的验证，采用真实信息和网络谣言信息这两类仿真数据来验证本章所构建的甄别模型的有效性，在仿真实验中迭代次数代表了网络舆情中舆情的传播过程。在本实验中，假定迭代次数为 0～10000 次时，为基于区块链构建的社交媒体平台网络谣言甄别模型的舆情爆发期，10000～100000 次为甄别模型的舆情发酵期，100000 次后为甄别模型的舆情扩散期。

本章将"塑料大米"话题空间下 2018 年 5 月 21 日的网络用户评论信息作为节点信息，获得共计 4598 条评论信息。将"新华视点"转发的农业农村部部长韩长赋发表的"中国大米是安全的，塑料大米绝无此事"作为源节点信息，采用 LDA 主题模型衡量评论信息与源节点信息的相似度，设定阈值为 0.8，大于阈值的定义为网络谣言信息节点，共计 1617 个，小于等于阈值的定义为真实信息节点，共计 2981 个。

根据上文提到的算法，将真实信息与网络谣言信息分别作为两类不同的区块，通过"挖矿"算法，以真实信息节点、网络谣言信息节点作为类别划分，统计这两类节点在不同的舆情传播时期接入区块链的总数，以及平均"挖矿"次数。

假定模型中存在合适的相似度函数，能够较为合理地度量真实信息与网络谣言信息的相似程度。依照网络谣言甄别模型的设定，若某节点传播的是网络谣言信息，其与源节点所传播的真实信息的相似度就会很高，导致其"挖矿"难度增加。根据模型的设定，这类网络谣言信息节点需要经过更多轮次的迭代才能命中随机数，也就意味着其"挖矿"时间的延长。这导致此类节点在过滤期，其"挖矿"的次数要明显多于传播真实信息的节点。随着整个区块链模型的不断迭代，网络谣言信息节点的"挖矿"难度不断叠加，仅仅依靠单一节点的计算能力已经无法完成"挖矿"，这就使得网络谣言信息节点失去了接入区块链的能力。与此同时，传播真实信息的节点，随着迭代次数的增加，其"挖矿"难度会逐渐降低，加之网络谣言信息节点"挖矿"难度的提升，真实信息节点接入区块链的概率会大大提高。在足够长的时间内，区块链中的网络谣言信息节点数量会远远少于真实信息节点数量，从而实现了基于区块链的网络谣言过滤。

图 5-3 表明了基于区块链的网络谣言甄别模型仿真迭代次数。其中横轴表示迭代次数，单位为千轮，纵轴表示哈希次数，代表节点接入区块链的难度指标，单位为万次。从图 5-3 可以看出，在舆情爆发期（横轴迭代次数 0～15 千轮），由于真实信息节点与网络谣言信息节点接入区块链的概率呈现一定的随机性，网络谣言信息节点与真实信息节点的平均"挖矿"

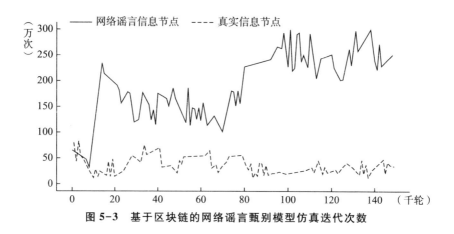

图 5-3 基于区块链的网络谣言甄别模型仿真迭代次数

次数相差不多。但随着迭代次数的增加，通过相似度函数的计算，真实信息节点的"挖矿"难度不断降低，而网络谣言信息节点的"挖矿"难度不断上升。根据本章的前提假设，"挖矿"难度直接决定了节点接入区块链的可能性，难度越大可能性越低；反之，难度越小，接入区块链的可能性越高。这导致舆情发酵期（横轴迭代次数 15~80 千轮），通过区块链的过滤网络谣言信息节点的平均"挖矿"次数明显多于真实信息节点，使得网络谣言信息节点越来越难接入区块链。当网络舆情进入扩散期时（横轴迭代次数 80 千轮以后），网络谣言信息节点的"挖矿"次数已经远远多于其他真实信息节点，在网络中节点数足够多的情况下，网络谣言信息节点已经几乎不可能接入区块链。在实际应用中，此时可以整合区块链上的绝大多数节点信息，发布舆情。

第五节　基于区块链的网络谣言甄别
模型迭代分析结果

如图 5-4 所示，经过几轮迭代，区块链共有 500 个节点。其中，真实信息节点数为 491 个，网络谣言信息节点数为 9 个。我们可以得出，网络谣言信息节点在迭代初始阶段都存在。在计算能力相同的前提下，随着区块链的扩展，网络谣言信息节点的累计难度增速快于真实信息节点，因此，网络谣言信息节点访问区块链的可能性远低于真实信息节点。我们从

图 5-4 也可以得出，在生成第 357 个区块之后，区块链被真实信息节点
填充。

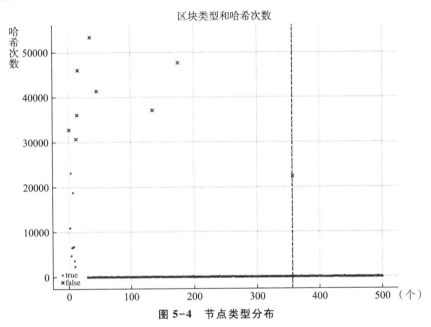

图 5-4　节点类型分布

　　图 5-5 和图 5-6 分别显示了真实信息节点和网络谣言信息节点的哈希
次数。可以看出，在迭代的初始阶段，真实信息节点和网络谣言信息节点
的哈希次数表现出一定的随机性。但随着区块链的不断延伸，两类节点的
累计"挖矿"难度不同，真实信息节点的哈希次数已经开始趋于稳定，远
少于网络谣言信息节点的哈希次数。随着网络谣言信息节点"挖矿"难度
的增加，很难在规定的迭代次数内达到随机数范围。在生成第 357 个区块
后（如图 5-6 中虚线所示），不再有任何网络谣言信息节点可以连接到区
块链上。然而，挖掘真实信息节点的难度在不断降低。在生成第 24 个区块
（如图 5-5 中虚线所示）之后，只需要少量的哈希值就可以访问区块链。
在仿真实验中，在生成第 357 个区块后，整个基于区块链构建的网络谣言
甄别模型对网络谣言信息具有一定的抵抗力，使得网络谣言信息节点难以
访问区块链，从而抑制了网络谣言传播。

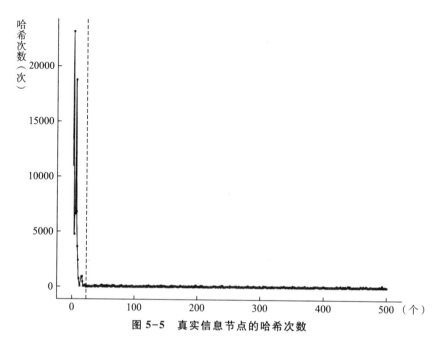

图 5-5　真实信息节点的哈希次数

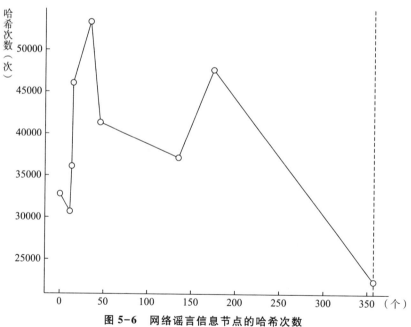

图 5-6　网络谣言信息节点的哈希次数

第六节　基于区块链的网络谣言甄别模型特性分析

一　基于区块链的网络谣言甄别模型数据安全性分析

某些网络谣言是通过对源信息的篡改而传播的，而基于区块链构建的社交媒体平台网络谣言甄别模型从设计上杜绝了这种可能性。由于每一个节点的哈希值计算都依赖于其前一个节点的哈希值，若要改变区块链中的某条信息，则相当于暴力破解 SHA-256 算法。哈希值计算的不可逆性，保障了区块链一旦生成，想通过篡改中间传播过程而达到散播谣言的目的几乎是无法实现的[①]。区块链中的每一个区块，或直接转发自源节点，或是所存储的信息与源节点处的信息高度相似，从而保证舆情传播过程中信息的真实性。

此外，由于区块保留了时间戳信息，因而可以追溯到舆情信息的父节点。在舆情信息传播过程中由于时间戳的存在，网络谣言信息的伪造将变得极为困难。同时，时间戳也是哈希函数的输入，节点的哈希值计算也依赖于时间戳，这就进一步增强了网络信息传播的安全性。在区块链构建的社交媒体平台网络谣言甄别模型中，既可以依靠时间戳来递归地甄别某一节点信息来源，又因为引入了时间戳而增强了节点数据的不可篡改性。

二　基于区块链的网络谣言甄别模型优越性分析

学者 Kwon 等从用户、结构、语言和时间特征角度来确定谣言和非谣言的区别，深入探讨谣言的传播模式，并基于谣言特征进行预测[②]。Zubiaga 等介绍了在社交媒体平台上传播的两种网络谣言，即长期流传的网络谣言以及在突发事件中产生的快节奏网络谣言，并探索如何利用自然语言处理和

---

① Arquam, M., et al., "A blockchain-based secured and trusted framework for information propagation on online social networks", *Social Network Analysis and Mining* 11 (1), 2021, p. 49.

② Kwon, S., et al., "Rumor detection over varying time windows", *Plos One* 12 (1), 2017, p. e0168344.

数据挖掘技术来确定网络谣言的真实性①。Sicilia 等基于影响力和网络特性测量提出一种新的谣言检测系统，并通过从 Twitter 上收集的有关健康的话题对其进行测试②。在以往网络谣言甄别模型的研究中，模型主要依赖于深度学习等监督模型进行分类判别，从而达到甄别网络谣言的目的。而这类模型往往需要大量的标注样本，而无论是人工标注，还是类似深度学习这一类监督模型的训练，都需要大量的时间成本。从舆情传播的角度而言，这不利于有关部门在第一时间对相关舆情进行管控。

而基于区块链构建的社交媒体平台网络谣言甄别模型仅需要在舆情爆发期，通过权威机构构建区块链源节点，并通过相似度函数及随机算法进行有效的模型构建。再到舆情发酵期，网络谣言信息节点由于其累计"挖矿"难度的不断提升，已经很难接入区块链，从而丧失了舆情传播的能力。这种方式使得该模型相较于其他模型具备一定的网络谣言自净能力，剔除虚假的网络谣言发布节点，保证了网络舆情信息的真实性，从而对网络谣言信息的传播进行一定的控制，为有关部门的有效监管提供一定的余地。并且，区块链分布式的存储方式，让每个节点都有效地记录了整个网络的舆情信息，这使舆情信息的完整性得到了最大程度的保存，确保舆情信息的存储不再依赖于传统的中心型数据库，而是分布式地存储于区块链的每一个节点之中，极大地增强了整个存储模式的健壮性。

三 基于区块链的网络谣言甄别模型的局限性分析

本章虽然在研究方法上做了一定的创新，但在研究中依然存在一定的局限性。

首先，基于区块链构建的社交媒体平台网络谣言甄别模型所选用的相似度函数存在一定的局限性。这种相似度仅计算了字符串的编辑距离，导致一些具备原创性的节点与源节点的相似度被压得很低。这会造成整个网络节点的趋同，从舆情信息传播的多样性角度考虑，这会对一些见解独到

① Zubiaga, A., et al., "Detection and resolution of rumours in social media: A survey", *ACM Computing Surveys* 51 (2), 2018, pp. 1-36.
② Sicilia, R., et al., "Twitter rumour detection in the health domain", *Expert Systems with Applications* 110 (15), 2018, pp. 33-40.

的舆情信息造成较大的传播限制。在未来研究中，需要考虑计算词向量的余弦距离，从而更有效地计算节点信息的相似性，使得大部分的非谣言节点能接入区块链。

其次，基于区块链构建的社交媒体平台网络谣言甄别模型并没有考虑信息存储上限，区块链的分布式记账存储信息的能力，使各个节点更新的信息所有节点都会存储，导致存储的信息量越来越多，这无疑增加了空间成本。从实际应用的角度出发，基于区块链构建的社交媒体平台网络谣言甄别模型需要较为强大的物理设备作为支持。

最后，由于"挖矿"难度的不断累计，哈希值的计算也是一个非常耗时的任务。只有一部分节点能够接入区块链，这虽然有效地过滤了网络谣言信息节点，但对那些参与"挖矿"计算而又没能接入区块链的节点而言，无疑造成了较大的资源浪费。

第七节　本章小结

本章基于信息理论，利用区块链构建了社交媒体平台网络谣言甄别模型，运用仿真实验、区块链及机器学习等方法对微博网络谣言话题中的"塑料大米"进行网络谣言源头追溯及甄别。本章建立在第三章的理论和第四章信息人主题关系的基础上，详细地揭示了基于信息理论构建的社交媒体平台网络谣言甄别模型对舆情管控的作用。

本章的研究内容及结论如下。

第一，本章基于信息理论，利用区块链构建了社交媒体平台网络谣言甄别模型。该模型提供了一种去中心化的可信任机制，通过"矿工"对信息进行加密、校验、广播、存储，识别网络谣言源头并对网络谣言进行甄别，形成网络谣言自净机制。本章以微博热点网络谣言话题中的"塑料大米"为信息源，根据语义距离划分真实话题节点与谣言话题节点，通过仿真实验对基于区块链构建的网络谣言甄别模型进行验证及分析，运用区块链的特点追溯网络谣言源头并对网络谣言进行甄别。仿真实验以评论数据为载体验证了模型在控制网络谣言传播方面的有效性，从而为舆情监管部门利用区块链技术对网络谣言进行甄别及管理起到一定的指导和推动作用。

第二，本章所构建的网络谣言甄别模型，仅需要在舆情爆发期通过权威机构来构建区块链源节点进行区块链审核，并通过相似度函数及随机算法来有效地进行模型构建。到舆情发酵期，网络谣言信息节点由于其累计"挖矿"难度的不断提升，已经很难接入区块链，从而丧失了舆情传播的能力。这种方式使得该模型相较于其他模型具备一定的网络谣言自净能力，剔除虚假的网络谣言发布节点，使得网络舆情在传播过程中具有更强的真实性。

第三，由于区块链具有分布式的存储特点，可以让每个节点有效地记录整个网络的舆情信息，这使舆情信息的完整性得以最大程度的保存，使得网络舆情信息的存储不再依赖于传统的中心型数据库，而是分布式地存储于区块链的每一个节点，极大地增强了网络舆情信息存储模式的整体健壮性。

第四，基于区块链构建的社交媒体平台网络谣言甄别模型的局限性如下。首先，本章基于区块链所构建的社交媒体平台网络谣言甄别模型，所选用的相似度函数存在一定的局限性。这种相似度仅计算了字符串的编辑距离，导致一些具备原创性的节点与源节点的相似度被压得很低。这会造成整个网络节点的趋同，从舆情信息传播的多样性角度出发，这会对一些见解独到非网络谣言的舆情信息造成较大的传播限制。其次，基于区块链构建的社交媒体平台网络谣言甄别模型并没有考虑信息存储上限，区块链的分布式记账存储信息的能力，使各个节点更新的信息所有节点都会进行存储，导致存储的信息量越来越多，这无疑增加了区块链的空间成本。从实践角度来看，基于区块链构建的社交媒体平台网络谣言甄别模型需要较为强大的物理设备作为支持。最后，由于"挖矿"难度的不断累计，哈希值的计算也是一个非常耗时的任务。只有一部分节点能够接入区块链，这虽然有效地过滤了网络谣言信息节点，但对那些参与"挖矿"计算而又没能接入区块链的节点而言，无疑造成了较大的资源浪费。

第五，本章综合分析表明，在当前的舆论生态中，网络谣言的甄别与社交媒体平台的开放性之间存在内在的冲突。网络谣言治理对于构建可持续发展的社交媒体平台网络生态环境具有重要意义。然而，当发生突发事件时，来自权威机构的信息可能无法第一时间得到有效传递。网络谣言信息具有误导和混淆的特点，有可能抢夺权威机构的传播渠道。以往的网络谣言甄别模型主要依赖深度学习等监督学习方法进行分类，无法从语义层面有效识别谣言，也难以控制谣言的二次传播。而基于区块链构建的社交媒体平台网络谣言甄别模型则依托共识机制，通过权威机构运用广播机制，每个用户相当于区块链中的一个节点，信息发布则相当于基于当前节点生成的分支链。如果节点想要访问主链，它需要有足够的计算能力来完成工作量证明机制所要求的随机计算。区块链模型可以根据用户发布的信息与权威机构发布的信息之间的语义相似度来调整挖掘难度。网络谣言信息节点产生分支链的挖掘难度远远高于真实信息节点，因此网络谣言信息节点将被相应的修剪算法识别，无法访问主链。网络谣言信息节点所形成的分支链可被视为网络谣言在社交媒体平台中的具体传播路径，通过区块链机制下的识别与剪枝算法，可实现对这些传播路径的有效拦截，从而在源头上遏制网络谣言的二次扩散。因此，在重构区块链模型后，传统的社会媒体平台网络结构可以有效地传播权威机构的信息，有效地遏制网络谣言，净化网络环境，营造健康的社会媒体平台网络生态环境，并为后续从信息角度提出网络谣言治理策略提供帮助。

第六章　社交媒体平台网络谣言
组态路径研究

本章在第三章社交媒体平台网络谣言传播机理分析的基础上，基于信息环境理论，构建社交媒体平台网络谣言形成路径分析框架。结合 30 个微博热点网络谣言事件，本章提取了媒体报道偏差、政府信任度优化等 7 个条件变量，采用模糊集定性比较分析法中的"四值模糊集校准法"和"均值锚点法"对数据进行校准，使用 fsQCA3.0 软件构建真值表，探究网络谣言的组合逻辑和形成路径。

第一节　社交媒体平台网络谣言
组态路径问题的提出

随着网络普及率的提高及应用程度的加深，以微博为代表的社交媒体平台逐步成为舆情用户进行信息消费的首选，并积累了大量的用户。在庞大的社交媒体用户数量的背后，无数个网络隐患伺机发展壮大。社交媒体平台虽然降低了人们获取内容的门槛，但也为网络谣言的产生与传播提供了更多的便利条件[①]。在互联网时代，网络谣言借助各类媒体产生"核裂变式"的传播，在满足网民猎奇心理的同时，也极大地威胁网络环境的和谐稳定。如何将网络谣言形成因素从混杂的社会网络信息中挖掘出来，

---

① Damerchiloo, M., Baghalha, F., "Management of the COVID-19 infodemic in Asian countries: What should we know?", *Systematic Review* 73 (3), 2023, pp.187-198.

理解网络谣言内在形成机理，是当下舆情监管面临的严峻挑战。

　　针对以上问题，本章基于信息环境理论研究社交媒体平台网络谣言的组态路径。组态路径聚焦于信息环境中的内部与外部环境，研究相关因素对信息交流活动的影响。本章通过构建社交媒体平台网络谣言形成路径分析框架，理解网络谣言内在形成机理，为相关舆情监管部门提供网络谣言的形成路径及各角色间的相互作用关系。

　　具体而言，本章基于信息环境理论，选取 7 个条件变量，采用模糊集定性比较分析法对网络谣言的形成路径进行分析与探究，揭示网络谣言形成路径中各条件变量之间复杂的因果关系。本章以 30 个微博热点网络谣言事件为数据源，提取媒体报道偏差、政府信任度优化、网民认知偏差、平台管控、话题敏感度、信息传播形式、信息模糊性 7 个条件变量，采用模糊集定性比较分析法中的"四值模糊集校准法"和"均值锚点法"对数据进行校准。使用 fsQCA3.0 软件构建真值表，对网络谣言形成的条件组态路径进行分析，将网络谣言形成路径归纳为媒体影响偏差型、公共治理低效型和共同作用型三种组合路径。多因素间彼此作用，共同促进网络谣言的形成。本章的研究成果有助于相关监管部门降低社交媒体平台网络谣言管控成本，能够为后续提出社交媒体平台网络谣言治理策略提供理论依据。

第二节　社交媒体平台网络谣言形成路径分析框架构建

一　模糊集定性比较分析法

　　定性比较分析法（QCA）是将"组态比较"和"集合论"进行有机结合，同时继承定性和定量两种分析方法优势，可探索导致相同结果的多种并发因果关系的方法。定性比较分析法主要分为清晰集定性比较分析法（csQCA）、模糊集定性比较分析法（fsQCA）和多值集定性比较分析法（mvQCA）。相较于另外两种方法，模糊集定性比较分析法（fsQCA）是基于布尔代数，将定量与定性相结合，可分析复杂因果关系中整体视角的多种合理组态的研究方法①，可以最大限度地利用所选网络谣言事件中的信息，通过"模糊隶属度"概念尽可能地减少主观判断对数据结果的影响。模糊集定性比较分析法的结果体现了变量间的因果复杂性与多重并发机制，解答了因果关系间的非对称问题②，适用于本章的研究，因此，本章选择定性比较分析法中的模糊集定性比较分析法（fsQCA）作为研究方法。

二 社交媒体平台网络谣言形成路径分析框架

通过对以往文献的总结，本章认为社交媒体平台中的网络谣言是在信息环境下，信息单元受共生模式的影响，各单元间的共生关系相互作用、衍化而形成的。本章基于信息环境理论，分析内部与外部环境对信息交流活动的作用，并结合各要素之间的共生关系，选取媒体报道偏差、政府信任度优化、网民认知偏差、平台管控、话题敏感度、信息传播形式、信息模糊性等前因条件变量，建立了 3 个维度 7 个指标的社交媒体平台网络谣言形成路径分析框架（见图 6-1）。

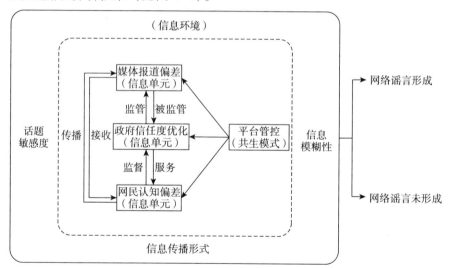

图 6-1 社交媒体平台网络谣言形成路径分析框架

① 廖梦夏：《冲突叙事、纠偏干预与舆情反转结果——对 43 个媒介事件的模糊集定性比较分析》，《现代传播（中国传媒大学学报）》2020 年第 5 期。
② 单晓红等：《组态视角下网络舆情衍生话题形成路径研究——基于微博数据的模糊集定性比较分析》，《情报理论与实践》2022 年第 4 期。

第三节　社交媒体平台网络谣言形成
路径分析的变量选取

一　条件变量选取

（一）信息单元

本章将媒体报道偏差、政府信任度优化①、网民认知偏差作为信息单元。媒体作为网民获取信息的主要途径，其信息发布的准确性及真实性会影响网民的表达意愿与情感倾向。部分媒体在社交媒体平台网络谣言演化过程中，对事件信息未经过考查证实盲目采纳发布，企图通过制造舆论的方式吸引公众的关注度②，因此本章采用四分均值锚点法将媒体报道偏差程度赋值为0、0.33、0.67、1。同时，如果政府未及时对网络谣言传播以及公众情绪进行合理疏导，那么网络谣言会在媒体和网民的相互偏差作用下逐步扩大影响范围，政府公信力有待优化③，因此本章将政府信任度优化赋值为1，未优化赋值为0。网民认知偏差将进一步加重社交媒体平台网络谣言影响程度，引发误导性网络舆论，将网络谣言演化为大规模网络暴力，污染网络社会环境，因此本章采用四分均值锚点法将网民认知偏差程度赋值为0、0.33、0.67、1。媒体报道偏差影响网民接收报道信息的真实程度，可能进一步加重网民的认知偏差。在此基础上，政府信任度若未优化将导致网民与媒体陷入恶性循环，三元信息单元之间相互作用，共同促进网络谣言形成。

网民是促进社交媒体平台发展的主体，其参与的信息传播活动可能会放大媒体与政府的影响。例如，个别媒体刻意制造以引起大范围传播为目的的报道，营造舆论情境促使网民产生信息误判，政府此时若发送信息滞

---

①　刘焕：《公共事件中政府回应对公众认知偏差的影响》，《情报杂志》2020年第1期。

②　孙钦莹、任晓丽：《基于双重失衡环境的网络舆情演化机理与治理策略研究》，《情报杂志》2023年第4期。

③　孔德鹏等：《信息内卷化：政府网络舆情治理能力的提升路径》《情报杂志》2022年第11期。

后，则可能陷入"塔西佗陷阱"，形成网络舆论极化。众多负面因素的累积会使网络谣言逐步壮大，阻碍社交媒体平台网络环境的健康发展。

（二）共生模式

本章将平台管控设为共生模式，反映三元信息单元间相互作用的方式。微博是网络谣言传播的重要社交媒体平台，其本身具有的网络谣言管控的责任亟须落实，而平台的管控力度与边界取决于政府。在政府尚未明确事件性质前，平台管控是否落实对三元信息单元的主体演化与合力纵深有着根本性影响。媒体报道偏差与网民认知偏差促使网络谣言事件持续发酵，导致政府公信力在网络谣言传播过程中逐渐弱化，对此，政府通过督促平台抑制网络谣言增量，使用技术屏障、热度分流等手段制约其发展[①]，缓和媒体报道偏差、政府信任度优化和网民认知偏差三大因素间的对抗关系，还原事件真相与网络谣言形成始末，因此本章将平台进行干预赋值为1，未干预赋值为0。

平台管控作为共生模式覆盖网络谣言的形成路径，其是否落实关系着社交媒体平台网络谣言的传播效率，同时反作用于信息单元内部的偏差程度，信息单元在其作用不及时下发生共性偏差，进而导致社交媒体平台网络谣言的形成。

（三）信息环境

信息环境能够直接或间接影响信息单元的发展，包括话题敏感度、信息传播形式、信息模糊性[②]。话题敏感度是危机事件话题致敏程度的直接体现，具体包括涉事主体的敏感性，相关言行的敏感性，有违基本道德准则、挑战公众认知或违背公众情感情绪的不当言行或争议性问题等。受网民认知偏差的影响，话题敏感度越高，网民讨论及参与的可能性越大[③]，网民各执己见，网络谣言也更易于形成，因此本章采用四分均值锚点法将话题敏感度分别赋值为0、0.33、0.67、1。信息传播形式指网络谣言的主

① 刘裕等：《网络信息服务平台用户个人信息安全风险及其治理——基于117个APP隐私政策文本的内容分析》，《图书情报工作》2022年第5期。

② 王晰巍等：《社交媒体环境下网络谣言国内外研究动态及趋势》，《情报资料工作》2020年第2期。

③ 廖梦夏：《冲突叙事、纠偏干预与舆情反转结果——对43个媒介事件的模糊集定性比较分析》，《现代传播（中国传媒大学学报）》2020年第5期。

要传播方式，包含文本、图像、音频、动画以及视频等。社交媒体平台的不断创新与优化，使得网民获取信息的形式变得五花八门[①]，相比于纯文字，人们往往更愿意相信"有图有真相"或者"视频为证"。部分媒体或网民利用公众刻板印象，发布未经当事人证实的言论或尚未定性的事件信息，引发网络谣言，因此本章将信息传播中含有视频的赋值为1、图文并茂的赋值为0.67、只含有图片的赋值为0.33、只含有文字的赋值为0。信息模糊性指信息表述的模糊程度或不明确性，在网络谣言传播伊始，缺失的关键信息、含糊的表述方式、带有引导性的暗示语等影响着媒体与网民接收信息的完整度，由于个体的理解与认知存在差异，模糊信息在三元主体的相互作用下逐渐形成社交媒体平台网络谣言，因此本章采用四分均值锚点法将信息模糊性分别赋值为0、0.33、0.67、1。

信息传播形式是谣言信息生成的基础，选择何种传播方式对于后续添加的敏感话题与模糊信息具有推动作用，敏感话题更"吸人眼球"，能让博文短时间抢占大量热度，因此，一些用户在发布话题时刻意缺失关键信息，营造出半真半假的讨论博文，当此类博文以不同形式出现在社交媒体平台中时，极易产生"信息疫情"等恶性影响。社交媒体平台网络谣言便是在三方主体的作用下经由环境中的多种要素共同影响而逐步形成的。

二 结果变量选取

本章选取社交媒体平台网络谣言是否形成作为结果变量，将结果分为形成网络谣言和未形成网络谣言，当形成网络谣言时赋值为1，未形成网络谣言时赋值为0。

三 网络谣言事件选取

本章共选取了2022~2023年30个微博热点网络谣言事件作为数据源，探究网络谣言形成路径，具体网络谣言事件信息如表6-1所示。

---

① 张亚明等：《信息生态视域下网络舆情反转生成机理研究——基于40个案例的模糊集定性比较分析》，《情报科学》2023年第3期。

表 6-1　网络谣言事件基本信息

序号	网络谣言事件名称	序号	网络谣言事件名称
1	广州将实施"禁摩限电"新规	16	泉州首富女儿被绑架
2	橘子致小孩流鼻血	17	扬州一文具店老板冤枉女孩偷窃
3	人最多感染 8 次新冠	18	某企业员工痛批领导安排加班
4	大熊猫遭受虐待	19	半天妖垃圾桶捞回餐食又端给顾客
5	上海地铁某线路因故障停运致多人受伤	20	南京高速飞鸟聚集地震前兆
6	深圳医保统筹额度 6 月底清零	21	李家沱二桥公交车坠江
7	泉州海峡体育中心被台风吹倒	22	福州闽侯住宅起火一女子坠楼
8	丹东某地着火致多人遇难	23	横店母女插队
9	厦门好心公交司机因救助生病乘客被开除	24	阜阳一女子被前夫家暴
10	奥迪"小满"文案抄袭	25	上海地铁发生无人驾驶屏蔽门夹人
11	持续强降雨导致卢沟桥坍塌	26	救护车被堵爷爷离世
12	广州某小区业主与物业因停车费产生纠纷	27	钟薛高"烧不化"
13	地铁男子偷拍乌龙	28	上海顾村公园 4 人树下躲雨被雷劈死
14	贵阳女子向志愿者跪求物资	29	"地震云"预测到了山东德州平原县地震
15	58 同城员工"申请爱心基金"反被裁	30	东航因巨亏压缩维修成本致坠机

四　变量测量与数据校准

模糊集定性比较分析法在数据分析之前要对数据进行校准，本章采用模糊集定性比较分析法中的"四值模糊集校准法"和"均值锚点法"。其中，媒体报道偏差、网民认知偏差、话题敏感度、信息模糊性均采用"均值锚点法"进行赋值，其余变量根据"四值模糊集校准法"对其隶属度高低进行 [0，0.33，0.67，1] 四分等差校准，"1"表示完全隶属，"0"表示完全不隶属，本章根据网络谣言事件实际情况进行稍许调整。数值越高，表示该网络谣言事件在此变量的隶属度越高，具体赋值规则如表 6-2 所示。

表 6-2 变量与赋值规则说明

变量类型	变量名称		变量测量
条件变量	信息单元	媒体报道偏差	均值锚点
		政府信任度优化	信任度优化赋值为 1，未优化赋值为 0
		网民认知偏差	均值锚点
	共生模式	平台管控	平台进行干预赋值为 1，未干预赋值为 0
	信息环境	话题敏感度	均值锚点
		信息传播形式	含有视频的赋值为 1，图文并茂的赋值为 0.67，只含有图片的赋值为 0.33，只含有文字的赋值为 0
		信息模糊性	均值锚点
结果变量	网络谣言形成		形成为 1，未形成为 0

第四节　社交媒体平台网络谣言形成路径的
单变量必要性和条件组态分析

一　单变量必要性分析

在进行组态分析前，对影响社交媒体平台网络谣言形成路径的条件变量进行必要性检验，一致性（consistency）和覆盖率（coverage）是定性比较分析中的两项重要指标，当某一条件变量的一致性大于 0.9 时，则认为该条件变量可以作为促进结果变量产生的必要条件，覆盖率指标则用于描述条件（组合）X 对结果 Y 的解释力，数字越大意味着解释力越强[1]。本章采用 fsQCA3.0 软件对网络谣言的形成因素进行必要性检验，结果如表 6-3 所示。当结果变量设置为网络谣言形成时，7 个条件变量中只有平台管控的一致性大于 0.9，所以平台管控为网络谣言形成的必要条件。当结果变量设置为网络谣言未形成时，7 个条件变量的一致性均小于

---

[1] Mumu, J. R., et al., "Understanding barriers to female STEM students' adoption of online learning during a pandemic: An fsQCA analysis", *Pacific Asia Journal of the Association for Information Systems* 14 (6), 2022, p. 3.

0.9，表明没有任何一个条件变量是影响结果变量的必要条件，说明单一的条件变量不会限制社交媒体平台网络谣言的形成。由此可见，网络谣言不是由某个特定的因素引发的，而是多个条件变量共同促进了社交媒体平台网络谣言的形成，因此要进一步从组态视角分析网络谣言形成的条件组合。

表6-3 单变量必要性检验

变量	网络谣言形成		网络谣言未形成	
	一致性	覆盖率	一致性	覆盖率
媒体报道偏差	0.556111	0.652542	0.444167	0.347458
~媒体报道偏差	0.443889	0.545020	0.555833	0.454980
政府信任度优化	0.611111	0.687500	0.416667	0.312500
~政府信任度优化	0.388889	0.500000	0.583333	0.500000
网民认知偏差	0.761667	0.732763	0.416667	0.267237
~网民认知偏差	0.238333	0.379982	0.583333	0.620018
平台管控	1.000000	0.900000	0.166667	0.100000
~平台管控	0.000000	0.000000	0.833333	1.000000
话题敏感度	0.500000	0.550796	0.611667	0.449204
~话题敏感度	0.500000	0.658858	0.388333	0.341142
信息传播形式	0.668333	0.562675	0.779167	0.437325
~信息传播形式	0.331667	0.692575	0.220833	0.307425
信息模糊性	0.723333	0.709537	0.444167	0.290463
~信息模糊性	0.276667	0.427468	0.555833	0.572532

注：变量前边加"~"通常表示该变量的"非"或"缺失"状态。在分析条件组合时，需要同时考察某个条件的"存在"或"缺失"对结果的影响，这有助于全面考察各种可能的因果关系。

二 条件组态分析

本书使用 fsQCA3.0 软件构建真值表，对社交媒体平台网络谣言形成的条件组态路径进行分析，通过软件计算共得到复杂解、中间解、简单解三种组态路径分析结果，其中复杂解组态路径过多，一般不纳入逻辑余项，而复杂度适中又不消除必要条件的中间解常被视为较优结果①。因此本章结合中间解和简单解对组态路径进行分析，结果如表 6-4 所示，共形成了四条组态路径，组态路径的总覆盖率达 0.613889，说明这四条路径能够覆盖 61% 以上的案例，总一致性为 0.943638，高于 0.8 的可接受阈值。

表 6-4　网络谣言形成条件组态路径分析

条件变量	路径一	路径二	路径三	路径四
媒体报道偏差	●	○	○	●
政府信任度优化	○	●	●	●
网民认知偏差	●	●	●	●
平台管控	●		●	
话题敏感度	○	○	●	●
信息传播形式		●	●	
信息模糊性	●	●	○	●
原始覆盖率	0.204444	0.203889	0.130000	0.185556
唯一覆盖率	0.204444	0.112222	0.075000	0.130556
总覆盖率	0.613889			
总一致性	0.943638			

注：根据 QCA 设定规则：●表示核心因果性变量存在，●表示边缘因果性变量存在，○表示核心因果性变量缺失，○表示边缘因果性变量缺失；空白表示该条件变量对结果产生的影响可忽略不计。

通过上述分析，我们可以将社交媒体平台网络谣言形成路径概括为三种构型：媒体影响偏差型、公共治理低效型和共同作用型。

（一）媒体影响偏差型

在路径一中，媒体报道偏差这一条件变量是核心因果性变量。

路径一（媒体报道偏差＊~政府信任度优化＊网民认知偏差＊平台管控＊~话题敏感度＊信息模糊性）表明，媒体在报道话题敏感度较低的事件时，事件报道初期由于信息要素不全，真相尚未完全明晰，致使媒体报

① Li, Z., et al., "Configurational patterns for COVID-19 related social media rumor refutation effectiveness enhancement based on machine learning and fsQCA", *Information Processing & Management* 60 (3), 2023, p. 103303.

道出现偏差。其报道中隐含的模糊性信息诱致网民出现认知偏差，并将自身想法随意发布至社交媒体平台，扩大虚假信息传播面积。此时政府部门及时介入公布完整事件经过及真相，同时微博平台辅助政府进行网络谣言信息管控，遏制网络谣言的继续蔓延。"某企业员工痛批领导安排加班"事件的起因是一名男子在网上传播宣称是"加班聊天记录"的截图，许多媒体在未核实事件真实性的情况下，便对事件进行报道，引发公众热议，严重扰乱了网络公共秩序。后经核查，该男子从未有过在该企业下属单位及关联企业的从业经历，只因此前向该企业求职未被录用而心生怨恨，利用 PS 软件捏造多张虚假的聊天记录，恶意引导网民产生非理性言论，以达到报复的目的。在官方公布事件始末的同时，微博平台对网民及营销号发布的虚假内容进行删减，减少网民对谣言事件的传播，并将官方公示置顶，确保公众更加全面和准确地了解事件，避免网络谣言的扩散和传播。

（二）公共治理低效型

在路径二和路径三中，政府信任度优化这一条件变量是核心因果性变量。

路径二（~媒体报道偏差 * 政府信任度优化 * 网民认知偏差 * 平台管控 * ~话题敏感度 * 信息传播形式 * 信息模糊性）表明，媒体在对话题敏感度较低的事件进行报道时，尽管该事件的传播形式较为丰富，但报道信息的不明确导致网民易受认知偏差的影响，根据部分信息随意揣测事件并通过社交媒体平台发表言论，真假参半的信息助推网络谣言形成。政府的过晚干预，可能导致网民对政府的信任度降低，随后事态逐步恶化并形成大规模网络谣言。社交媒体平台对涉嫌散布虚假信息的账户启动截断干预措施，利用自身技术屏障限制网络谣言的发展，引导网络谣言态势渐趋平息。正如"南京高速飞鸟聚集地震前兆"事件所示，一段展示南京高速路段大量飞鸟聚集的视频在网络上广泛传播。然而，部分媒体在报道这一相对低敏感度事件时，并未深入分析和准确解释飞鸟聚集的原因，报道内容显得模糊不清。一些网民凭借个人认知，主观臆断将其与地震前兆联系起来，并通过社交媒体平台发布相关猜测性言论，导致真假信息同时在网络上传播，从而助长了谣言的蔓延。从视频发布到地震局工作人员进行解释的时间间隔较长，部分网民对政府的应急响应时效性产生疑问。微博平台通过内容管控等措施，遏制了谣言的蔓延趋势。

路径三（~媒体报道偏差＊政府信任度优化＊网民认知偏差＊平台管控＊话题敏感度＊信息传播形式＊~信息模糊性）表明，媒体在处理话题敏感度较高的事件时，虽已将事件信息完整、丰富地表达出来，但部分网民借助报道内容，随意节选发布非理性言论或不实信息，这些信息在网民群体间扩散，受到网民认知偏差影响形成网络谣言。政府的延迟介入使得官方身份效用并未落实，政府信任度降低进一步扩大网络谣言覆盖面。后续微博平台对网民发布的信息进行截断干预，加强了对传播虚假信息的媒体和营销号的监管，遏制了网络谣言事件的进一步发展。正如"钟薛高'烧不化'"事件，事件伊始是有网友发布钟薛高在1500℃喷火枪的持续燃烧下未见熔化的视频，而后钟薛高官方回应称为增加口感加入了卡拉胶等添加剂，部分网民借此发表了"卡拉胶添加过量不安全""这是'雪糕'还是'雪胶'"等言论，意在引发大众舆论。官方在面对网民询问时应及时发布澄清公告，防止舆论势态进一步扩大。微博平台在采取信息内容管控措施的基础上，对传播恶意信息的博主与营销号进行封禁，切断了虚假信息的传播途径，维护了网络传播秩序和公共利益。

（三）共同作用型

在路径四中，媒体报道偏差和政府信任度优化同为核心因果性变量，共同影响网络谣言的形成。

路径四（媒体报道偏差＊政府信任度优化＊网民认知偏差＊平台管控＊话题敏感度＊信息模糊性）表明，部分媒体在报道敏感度较高的话题时，为了吸引网民的关注与讨论，刻意模糊某些真实信息，将网民思维引入提前制订好的"热搜"计划中，使得网民在个人认知偏差的影响下，产生了较为严重的非理性情绪。政府应及时声明，否则网络谣言会扩散，进而引发网络暴力甚至是恶性事件。微博平台作为第三方监管者，应及时履行其相关义务，依靠技术手段对网络谣言进行拦截。正如"大熊猫遭受虐待"事件，起因是某些自媒体博主以短视频、直播等方式，多次捏造、散布大熊猫遭虐待等不实信息。这些博主故意通过模糊不清的信息，将网民的注意力引导至其预设的"虐待"话题。由于部分博主通过误导性信息进行煽动和诱导，舆论迅速失控，部分网民对大熊猫研究领域的专家和工作人员实施网络暴力并恶意造谣，严重干扰了他们的正常生活和工作。相关部门接到举报后迅速展开调查，并及时发布辟谣声明。然而，由于舆情响应存在时间差，谣言并未得到有效遏制。微博平台依法清理虚假信息的同时，迅速采取技术手段，有效阻止了谣言的进一步扩散。

三 稳健性检验

由于模糊集定性比较分析法的赋值具有一定的主观性，因此要对结果进行稳健性检验。通过借鉴现有研究成果，本章采用集合论特定的稳健性检验方法剔除部分网络谣言事件[①]。从选取的 30 个网络谣言事件中剔除 6 个，其他步骤保持不变，重新使用 fsQCA3.0 软件对剩下的网络谣言事件进行分析，发现组态路径的类型并未发生实质性的变化，说明本章社交媒体平台网络谣言形成的条件变量具有较好的稳健性，可以更好地解释社交媒体平台网络谣言的形成路径。

第五节　研究结论与启示

一 研究结论

研究结果表明，社交媒体平台网络谣言的形成存在四条组态路径，每条路径都是多条件间的共同作用结果，四条组态路径又可以归纳出三种构型：媒体影响偏差型、公共治理低效型以及共同作用型。通过对结果进行分析，本书得出以下结论。

首先，从研究结果来看，在单变量必要性检验时发现除平台管控变量能单独影响社交媒体平台网络谣言的形成外，其他变量均无法单独影响社交媒体平台网络谣言的形成。这说明平台管控变量可作为网络谣言事件的决定性因素，标志着网络谣言的生成与结束。而其余的单一的条件变量都会受到其他变量的影响。由此可见，在信息化日益繁荣的同时，社交媒体平台网络谣言也逐渐摆脱由单一变量生成的模式，发展为多变量间的多元

---

① 张明、杜运周：《组织与管理研究中 QCA 方法的应用：定位、策略和方向》，《管理学报》2019 年第 9 期。

共生。各个条件变量之间相互联系、相互依存，由核心变量领导并协助各变量进行协同演化，以复杂的非线性关系促进网络谣言的形成。正因如此，社交媒体平台网络谣言的溯源变得越来越困难，社交媒体平台网络谣言的治理也亟须多方主体的协同参与，以应对如今瞬息万变的网络谣言进化趋势。

其次，在进行条件组态分析时，通过对数据的分析，可将生成的四条路径归纳为三种构型，核心因果性变量为信息单元中的媒体报道偏差与政府信任度优化，其他变量则作为辅助促进社交媒体平台网络谣言的扩散。这说明大多数社交媒体平台网络谣言具有较高的新闻性，部分媒体为了流量不择手段臆造文章，这些成为网络谣言滋生的"温床"。若政府信息公布不及时，可能使网民固守网络谣言设定的认知框架，陷入"首因效应"，舆论高地被网络谣言占领。除此之外，由于受到外部信息环境的影响，社交媒体平台网络谣言的形成路径存在差异，但每条路径中均存在网民认知偏差和平台管控。网民认知偏差虽不是信息单元的核心，但是社交媒体平台网络谣言形成路径中的必要变量。网民盲目地跟从大众进行讨论，激烈的情绪和观点不断被复制、扩散、传播给其他个体，致使群体极化现象发生[1]，网民素养提升是阻止社交媒体平台网络谣言形成的关键所在。在网络谣言形成路径中，平台管控作为共生模式存在，反映了微博平台在网络谣言治理中承担着必不可少的主体责任，需要从根源破除网络谣言带来的危害。

二　研究启示

通过对信息环境理论下微博平台网络谣言形成路径的分析，我们可以发现媒体和政府是治理网络谣言的关键节点，针对上述关键节点，本章为政府和国家谣言监管部门进行谣言监控和防范提供相关治理建议如下。

一是加强网络参与者信息素养培育，提高网民明辨是非的能力。在网络谣言场中，网民易受到信息流瀑的影响[2]，抑制自身对事件真相的挖掘，

---

[1]　汪明艳等：《舆论反转中群体极化效应的影响因素研究》，《情报杂志》2018年第9期。

[2]　Liu，Q.，et al.，"The influence of information cascades on online reading behaviors of free and paid e-books"，*Library & Information Science Research* 42（1），2020，p.101001.

盲目追随大众看法，形成"自验成真"效应。网络用户是新媒体时代的主要参与者，是社交媒体平台网络谣言得以广泛传播的主要媒介，究其根本只有提高参与者自身的信息素养，才能从源头遏制网络谣言的形成与扩散。同时，应特别培养网络用户群体中的核心意见领袖，主动引导网民思维，及时澄清事件真相，呼吁网络用户增强自觉监督意识，在面对具有情绪性的信息和谣言时，切勿跟随舆论走向发表过激言论，以推动网络环境向更加积极健康的方向发展。

二是梳理网络谣言和舆论监督关系，构建媒体辅助监管平台。网络给予了公众对政府机关、公众人物进行社会监督的渠道，但公开批评的渠道不够流畅，民间积怨便会逐渐累积。如果以过度的"寒蝉效应"来保护权力机构、敏感事件①，只会增加社会公众的不信任感，造成政府公信力下降。事件真相往往在公众对谬误不断地批判与修正之中得以呈现。媒体作为社交媒体平台网络中承接事件信息、对接公众观点的重要角色，应及时披露关键信息，引导公众挖掘事件真相，帮助政府部门汇总网络谣言风向，遏制重大恶性社会事件的发生。同时，媒体要积极协助相关舆情部门以及微博平台建立监管机制，以网络社会参与者的角度协助官方平台进行网络谣言截断，从根源上避免不实信息的出现，为营造清朗网络环境做出一份贡献。

三是完善权力公开、信息透明机制，降低政府身份隐秘性。政府是网络谣言监管的主要决策者，是谣言信息得以辟谣并进一步遏制的关键角色。只有尊重群众，及时公布事件细节及真相，在社交媒体平台网络谣言发生之初做好网络谣言管控预案，才能从根本上赢得民众的信任与支持。因此，政府应要求网络信息搜索服务提供者建立健全的公众投诉、举报和用户权益保护制度②，对肆意传播网络谣言、扰乱社会秩序的媒体或者网民给予相应的惩罚，完善网络谣言相关法律法规，促进网络用户形成正确

① Nölleke, D., et al., "'The chilling effect': Medical scientists' responses to audience feedback on their media appearances during the COVID-19 pandemic", *Public Understanding of Science* 32 (5), 2023, pp. 546-560.

② 刘嫣等：《移动终端视角下的老年用户在线健康信息搜寻行为影响因素研究》，《图书情报工作》2021年第11期。

客观的信息传播形式，为广大用户营造一个真实值得信赖的信息获取与使用环境，推进国家建设和平稳定的网络生态环境。

第六节　本章小结

本章基于信息环境理论，构建社交媒体平台网络谣言形成路径分析框架，并结合30个微博热点网络谣言事件，提取条件变量并运用模糊集定性比较分析法探究社交媒体平台网络谣言的组合逻辑和形成路径。本章建立在第三章的基础上，从宏观层面揭示了基于信息环境理论构建的社交媒体平台网络谣言形成路径分析框架，探究网络谣言组合逻辑和形成路径。

本章的研究及结论如下。

第一，本章基于信息环境理论，构建了社交媒体平台网络谣言形成路径分析框架。结合30个微博热点网络谣言事件，提取条件变量并运用模糊集定性比较分析法探究社交媒体平台网络谣言的组合逻辑和形成路径。首先，基于信息环境理论，分析内部与外部环境对信息交流活动的作用，并结合各要素之间的共生关系，选取媒体报道偏差、政府信任度优化、网民认知偏差、平台管控、话题敏感度、信息传播形式、信息模糊性等前因条件变量，建立了3个维度7个指标的社交媒体平台网络谣言形成路径研究分析框架；其次，运用模糊集定性比较分析法选取30个微博热点网络谣言事件作为数据源，探究网络谣言形成路径；最后，采用fsQCA3.0软件对网络谣言的形成因素进行必要性检验，研究结果显示，社交媒体平台网络谣言不是由某个特定的因素引发的，而是多个条件变量共同促进了网络谣言的形成，本章进一步从组态视角分析网络谣言的条件组合，并将其概括为媒体影响偏差型、公共治理低效型和共同作用型。

第二，从媒体影响偏差型组合结果可以看出，在路径一中，媒体报道偏差是核心因果性变量。该路径表明，媒体在报道话题敏感度较低的事件时，事件报道初期由于信息要素不全，真相尚未完全明晰，致使媒体报道出现偏差。其报道中隐含的模糊性信息诱致网民出现认知偏差，并将自身想法随意发布至社交媒体平台，扩大虚假信息传播面积。此时政府部门及时介入公布完整事件经过及真相，同时微博平台辅助政府进行谣言信息管控，遏制网络谣言的继续蔓延。

第三，从公共治理低效型组合结果可以看出，在路径二和路径三中，政府信任度优化是核心因果性变量。路径二表明，媒体在对话题敏感度较低的事件进行报道时，尽管该事件的传播形式较为丰富，但由于报道信息不明确，网民易受认知偏差的影响，根据部分信息随意揣测事件并通过社交媒体平台发表言论，真假参半的信息助推网络谣言形成。政府的过晚干预，可能导致网民对政府的信任度降低，随后事态逐步恶化并形成大规模网络谣言。社交媒体平台对涉嫌散布虚假信息的账户启动截断干预措施，利用自身技术屏障限制网络谣言的发展，引导网络谣言态势渐趋平息。

路径三表明，媒体在处理话题敏感度较高的事件时，虽已将事件信息完整、丰富地表达出来，但部分网民借助报道内容，随意节选发布非理性言论或不实信息，这些信息在网民群体间扩散，受到网民认知偏差影响形成网络谣言。政府的延迟介入使得官方身份效用并未落实，政府信任度降低进一步扩大网络谣言覆盖面。后续微博平台对网民发布的信息进行截断干预，加强了对传播虚假信息的媒体和营销号的监管，遏制了网络谣言事件的进一步发展。

第四，从共同作用型组合结果可以看出，在路径四中，媒体报道偏差和政府信任度优化同为核心因果性变量，共同影响社交媒体平台网络谣言的形成。该路径表明，部分媒体在报道敏感度高的话题时，为了吸引网民的关注与讨论，刻意模糊某些真实信息，将网民思维引入提前制订好的"热搜"计划中，使得网民在个人认知偏差的影响下，产生了较为严重的非理性情绪。政府应及时声明，否则网络谣言会扩散，进而引发网络暴力甚至是恶性事件。微博平台作为第三方监管者，应及时履行其相关义务，依靠技术手段对网络谣言进行拦截。

第五，本章综合分析表明，社交媒体平台网络谣言组态路径聚焦于信息环境中的内部、外部环境，研究相关因素对信息交流活动的作用，网络谣言逐渐摆脱由单一变量生成的模式，发展为多变量间的多元共生。通过对条件组态的深度挖掘，可以分析并生成四条路径归纳为三种构型，核心因果性变量为内部环境中的媒体报道偏差与政府信任度优化，其他内部、外部变量则作为辅助促进网络谣言的扩散。由于受到外部信息环境的影响，网络谣言的形成路径存在差异，但每条路径中均存在网民认知偏差和平台管控。基于信息环境理论构建的社交媒体平台网络谣言形成路径分析框架，揭示了网络谣言形成路径中各条件变量之间复杂的因果关系，有效拓宽了信息环境理论的研究维度，并为后续从信息环境角度提出社交媒体平台网络谣言治理策略提供了帮助。

第七章　社交媒体平台网络
谣言治理策略

本章基于第四、第五、第六章社交媒体平台网络谣言甄别与组态路径的研究内容，讨论在舆情监管的具体实践中，舆情监管部门应该如何对社交媒体平台网络谣言从信息人、信息以及信息环境角度制定有针对性的治理策略。

第一节　社交媒体平台网络谣言治理问题的提出

一　社交媒体平台网络谣言治理的重要性

随着经济与科技日新月异的发展，传统媒体不再占据舆论主导地位，社交媒体平台逐渐成为信息传播的主阵地。社交媒体平台网络中舆情用户的阅读习惯和行为，相较于传统媒体的用户有着诸多不同。社交媒体平台网络中某一热点事件或话题的出现，往往会迅速地形成网络舆论，社交媒体平台已经成为社会情绪的集散中心。而一些舆情用户为了增加曝光度和流量，甚至毫无顾虑地宣泄自己不满的情绪，公开谩骂、侮辱、攻击他人，甚至存在部分舆情用户散播错误的、未经核实的信息的情况，这些不良言论会对社交媒体平台网络舆情造成严重的负面影响，导致信息传播不准确、不真实，严重时可能损害个人或组织的声誉，对社会凝聚力造成损害。因此，重视社交媒体平台网络谣言治理，从加强用户关系认同、追溯网络谣言源头以及多元主体协同等方面着力，及时开展舆论引导，是保障网络谣言事件中舆情安全的重要举措。

党的二十大以来，全国人民紧密团结在以习近平同志为核心的党中央周围，以加强全媒体传播体系建设，健全网络综合治理体系，推动形成良好网络生态为目标，在各个领域取得了卓有成效的成就。因此，要充分发挥社交媒体平台的宣传作用，提升其政治宣传的属性，使其成为增强民族自豪感、凝聚中国力量的宣传渠道。同时我们也应该注意到，涉及国计民生的方针政策正在越来越深刻地影响人民群众的现实生活，而如何通过网络倾听民众的反馈，亦是政策推行中的重要一环。社交媒体平台聚集了越来越多的舆情用户，这些舆情用户代表了不同的地域、不同的职业以及不同的阶层，却同样倾向于利用社交媒体平台阐述自己的立场与观点。由于每个人的利益需求不同，严格的把关程序和"把关人"存在一定的缺位，网络谣言有了滋生的空间。社交媒体平台是一把"双刃剑"，在提供信息便利的同时，也给各类网络谣言提供了传播的途径。专项行动之所以重点关注网络，是因为现在网络常常被利用成为传播网络谣言的"扩音器"，使得造谣、传谣插上了快捷"翅膀"。互联网的快捷，随意点一点就会导致网络谣言的散播，未经考证就恣意扩散的现象屡见不鲜，甚至网络上有一群躲在屏幕后的"水军"，他们将互联网的跟风、攻击作为工具，尤其关注热点社会话题，他们会紧跟时事，在网络上传播不当言论。因此，重视社交媒体平台网络谣言治理，不断完善和提升网络用户、政府、社交媒体平台对于网络环境的法治义务和责任担当，是维护国家信息安全，净化网络环境的首要任务。

随着 5G 时代的到来，移动环境已占据了主导的地位。互联网作为舆论的主战场，需要更为有效、更为科学的方法对其进行疏导。习近平总书记提出，"本着对社会负责、对人民负责的态度，依法加强网络空间治理，加强网络内容建设，做强网上正面宣传"①。这是社交媒体平台网络舆情研究最重要的价值导向，对于引导网络舆论观，优化网络舆论生态，实现管理者与舆情用户的良性互动极为重要。基于信息生态视角，强调信息人、信息和信息环境的生态和谐发展，有助于营造清新的网络空间，为国家互联网生态治理和实现国家网络强国提供决策支撑。因此，从信息生态理论

---

① 《习近平著作选读》（第一卷），人民出版社，2023，第 473 页。

出发，充分运用网络思维模式，有助于科学地研究社交媒体平台网络谣言的治理。

二 社交媒体平台网络谣言治理的生态性挑战

（一）社交媒体平台网络舆情用户类型出现分层分化趋势

随着网络社会的更新发展，信息生态也愈发表现出多样性。从信息人的角度来说，舆情用户的类型呈现明显的层级结构，并且层级之间的差异性逐步凸显。虚拟空间的充分赋权导致众多的舆情用户拥有了发声的权利。由于网络应用的不断拓展和上网成本的逐渐减少，舆情用户上网"门槛"逐渐降低，这进一步导致了舆情用户数量的激增。同时，不断增多的用户数量也使得舆情用户的类型不再单一化，其内部也出现了现实社会中组织化、阶层化的趋势。

于良芝和周文杰指出，在社交媒体平台网络舆情组成的信息生态中，舆情用户中存在一部分"信息富人"，他们具有更强的分析和研判能力，并倾向于对社会热点事件做出主观的分析与判断①。这类用户常常是意见领袖，与一般的舆情用户存在明显差异，能够对一般舆情用户产生深刻的影响。在网络热点事件中，事件主角很容易被标记或者被扩大成为某一特殊群体。在社交媒体平台中，普遍存在"贴标签"的形式，舆情用户通过这种方式来表达自身对社会事件和人物的理解。通常情况下，舆情用户对于标签群体存在明显的刻板印象，在进行标签传播的整个过程中不可避免地会带来对这一群体的争论。标签用户具有较强的组织性、群体性、封闭性、排他性、容纳性和多元性，带来了舆情监控力度弱、话题负面影响难以控制、主流价值观宣贯受阻等问题。因此，社交媒体平台网络舆情用户分层分化现象的出现，需要舆情监管部门采取精准的治理措施，以满足不同网络舆情用户的需求。

（二）社交媒体平台网络谣言治理体系不完善

信息生态的稳定发展，除了依赖于信息生态中各个要素之间良性的互

---

① 于良芝、周文杰：《信息穷人与信息富人：个人层次的信息不平等测度述评》，《图书与情报》2015 年第 1 期。

动关系，还依赖于监管部门制定的相应管控政策，这些政策为信息生态注入良性刺激。

我们应该清醒地认识到，当前社交媒体平台的快速发展改变了我国的舆论格局，对舆论的发展产生了深刻的影响。社交媒体平台网络谣言治理体系不仅包括在舆情生命周期内的舆情主体，还包括相关舆情监管部门的监测者和管理者。因此，社交媒体平台网络谣言治理体系需要舆情主体、舆情监测者和舆情管理者协调配合。然而，目前我国在社交媒体平台网络谣言治理体系方面存在以下问题：首先，舆情主体缺乏主动沟通的意识，亟须培养友善沟通的能力；其次，舆情内容缺乏针对性，无法满足公众的知情权；再次，缺乏合适的治理技巧，仅依靠删帖、屏蔽等技术手段进行处理，处理方式不够智慧；最后，在治理效果方面，公众对政府的信任度不够，需要进一步维护政府形象。因此，应当加强对社交媒体平台网络谣言治理主体的培养，重点增强舆情治理主体的政治敏感度，不断改进社交媒体平台网络谣言的治理方法。保障舆情主体与舆情用户能够进行平等友善的沟通，在治理方式上，谨慎使用禁言、删帖等手段，时刻关注事件的进展情况，严格管控权威信息的发布源头，不断完善社交媒体平台网络谣言治理体系。

（三）社交媒体平台网络群体利益诉求呈频繁多发趋势

从信息生态学的视角来看，总体而言，社交媒体平台网络群体利益诉求频繁多发。信息生态中各个要素已经聚集形成了一定数量的生态群落，且生态群落的交互频次逐渐走高。这对于保持信息生态的稳定是极大的挑战。

近年来，网络谣言中存在一种普遍现象，即因群体利益矛盾需求而产生舆情事件，这类舆情事件是一种"畸变"的网络舆情。比如为博人眼球，将信息内容进行篡改，随后将信息通过某社交媒体平台发布，该信息被大量阅读、转发，造成恶劣影响。此类舆情涉及广大群众的切身利益，他们为了维护健康的利益诉求，在社交媒体平台的加持下形成了强大的舆论压力。下岗失业人员、退伍老兵、失独家庭等特殊维权群体在网络上得到的关注度明显提升。当今社会正逐步朝着风险社会的时代迈进，相比于传统社会，风险社会中的风险更多是由人类的社会实践而非自然灾害所引发的。在风险社会中，安全稳定的生活往往暗藏着各种隐患，这导致了社会成员安全感的缺失，一些敏感事件往往会成为网络谣言爆发的导火索，再加上公众对于公共安全的无力感，更容易在网络上进行过激的宣泄。而且，从目前的教育类舆情、医疗类舆情、金融类舆情来看，网络谣言舆情热点正逐步从乡村、小城镇的弱势群体向城市居民群体转移，这些都表明舆情事件的利益受损群体有逐步扩散的趋势。另外，移动终端已成为互联网上最庞大的即时信息节点，公众收集、散布信息的门槛不断降低。这使得社交媒体平台上充斥着海量的用户和信息，社交媒体平台中的网络社群也成了新闻资讯的集散地。同时，信息的质量良莠不齐，使得一些社群较易成为滋生网络谣言的"温床"。

三 社交媒体平台网络谣言治理体系

党的二十大报告提出，"加强全媒体传播体系建设，塑造主流舆论新格局。健全网络综合治理体系，推动形成良好网络生态"，还提出要"落实意识形态工作责任制"，加强阵地建设和管理，这为争取社交媒体平台网络谣言治理主动权提供了重要的指导。基于第四、第五、第六章的研究内容与分析结果，根据社交媒体平台网络谣言信息生态系统中各要素对应关系，本章从信息生态理论出发构建社交媒体平台网络谣言治理策略体系（见图7-1）。本章从用户关系认同、追溯网络谣言源头和多元主体协同的角度分别基于信息人、信息和信息环境提出治理策略，包括社交媒体用户关系认同的治理策略、社交媒体追溯网络谣言源头的治理策略和社交媒体多元主体协同的治理策略。从信息人的角度提出建立意见领袖的沟通机制、完善用户类型化管理以及发挥主流媒体的作用；从信息的角度提出加强权威节点的建立与优化信息验证流程、优化信息相似度计算方法提高网络谣言识别精确度以及引入社区治理机制促进用户参与网络谣言识别；从信息环境的角度提出增强媒体责任感与提升报道质量、提升政府公信力与信息发布及时性以及加强平台监管与社区协同治理。本章构建的信息生态视角下的社交媒体平台网络谣言治理策略为我国社交媒体平台网络谣言治理与监管提供了新的研究视角，在实践层面具有重要的指导与借鉴意义。

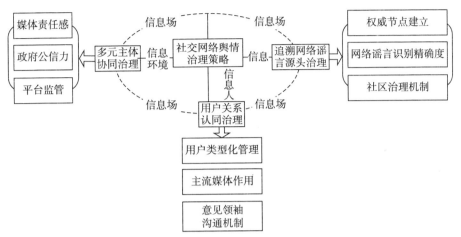

图 7-1　社交媒体平台网络谣言治理策略体系

第二节　社交媒体用户关系认同的治理策略

社交媒体平台中的舆情用户，一般指在社交媒体平台上参与舆情话题空间建立或参与舆情话题分享、讨论的全体用户的总集合。不同类型的舆情用户在舆情中担任的角色也不同，有些角色较为关键，有些则比较边缘化。但无论担任怎样的角色，对舆情事件的发展都起着不容忽视的作用。社交媒体平台用户关系认同是指用户在社交媒体平台上建立起的一种关系认同感，包括用户对于自己在社交媒体平台上的身份认同、与其他用户之间的社交关系认同以及对于社交媒体平台的认同感。探究舆情用户的信息素养、参与动机以及意见领袖主题用户关系，针对不同的舆情用户制定有效的治理措施，是网络谣言舆情管控的主要着力点。

本书第四章基于信息人研究了社交媒体平台网络谣言意见领袖主题关系，通过对网络舆情用户分类图谱进行分析并对身份识别进行研究，通过意见领袖的传播效率、传播路径和关键节点影响力，对其实体及用户关系进行分析，确定意见领袖的关系路径分析参数。本节从上述研究成果出发，从完善用户类型化管理、发挥主流媒体的作用和建立意见领袖的沟通机制等方面提出社交媒体用户关系认同的治理策略。

一 建立意见领袖的沟通机制

在舆情事件应对过程中，除了树立政府部门的权威，保障官方媒体信息发布的及时性，还应当充分发挥社交媒体平台中意见领袖的舆情影响力。社交媒体平台中的意见领袖往往具有隐蔽性强、粉丝量大的特点。由于社交媒体平台网络特殊的传播机制，意见领袖所发表的言论或是点赞、转发等一系列的操作行为，都会迅速获得广泛的关注，他们对其网络社群的影响力较高，是社交媒体平台的舆论中心，掌握着社交媒体平台的绝对话语权。

相较于普通网民而言，意见领袖多为各行各业的精英，受教育程度较高。因为其拥有相对完整的知识架构，或是相对丰富的行业经验，往往对社会事件有着更为深刻和独到的见解。并且，意见领袖的自身利益往往与流量直接绑定，意见领袖相较于普通网民，参与社会事件讨论的积极性也更高。与官媒相比，其言论更直接，更大胆，也更自由，更"接地气"，更容易得到普通网民的普遍认同。相较于主流媒体，意见领袖在网络社群内具有更好的触达关系，在舆情传播方面扮演着至关重要的角色。从社交媒体平台网络舆情用户的年龄结构来看，其舆情用户普遍比较年轻，更乐于分享观点，参与话题讨论。但大部分年轻舆情用户往往受限于社会阅历和知识结构，无法对社交媒体平台网络上出现的海量信息进行有效的甄别，这种迷茫与无所适从容易演化为偏激甚至愤怒。如果意见领袖能够及时洞察舆情用户的关注点，积极参与其中，甚至能起到比官方媒体更为有效的舆论疏导作用。

在社交媒体平台中，如何有效地定位意见领袖，一直是一个难题。对于社交媒体平台方而言，应该构建更为智能的算法，以便有效定位这些意见领袖。如果仅仅依靠粉丝量、微博数等静态指标，往往不足以有效识别在某一社群内的潜在意见领袖。而对于舆情监管部门而言，应配合主流的社交媒体平台，建立并完善与意见领袖之间的沟通机制。目前，大多数社交媒体平台仅停留在"实名认证"层面，未充分评估意见领袖与普通用户之间的互动及其衍生的次级效应，也未建立有效的沟通机制。有关监管部门在保障其言论自由的同时，也要规范意见领袖的言论。一般而言，意见领袖的言论应该符合社会的朴素价值观，要防止意见领袖以标新立异、挑战群众道德底线的方式赚取流量，博人眼球。在遇到突发事件和社会性事件时，更要及时向意见领袖输出准确的信息，通过意见领袖的发声来形成更为有效的声场。同时，政府部门也要有计划地栽培自己的意见领袖，例如，让有公信力的政府官员、领域内专家学者、媒体人士注册社交媒体平台账号，并积极在社交媒体平台上发声。以现实社会中的身份为背书去影响社交媒体平台网络。通过这些意见领袖发表的权威性言论逐步引导舆论的健康发展，最终达到净化网络环境，保障社交媒体平台网络舆论健康发展的目的。

二　完善用户类型化管理

针对社交媒体平台这一互联网时代新兴的舆论阵地，舆情监管部门的首要任务，是保障社交媒体平台拓宽社情民意表达渠道，尽可能地压缩网络谣言滋生和传播的空间。要做到这一点，必须规范自身的管理动作。舆情监管部门首先要明确自身最主要的监管对象是社交媒体平台中的舆情用户。为了对监管对象形成有效的管理，需要将社交媒体平台中的用户进行区分，从而贯彻分而治之的管理思路，对不同类型的用户或群体制定不同的管理策略。值得注意的是，在工作中，应当杜绝采用以用户身份、粉丝数量或社群类目等为依据的"一刀切"式的管理动作，这将会极大地损害舆情用户对社交媒体平台的好感度，也会极大地损害政府的公信力，是不负责任的工作方式。如何有效地对用户进行类型化管理，是对政府部门执政理念的检验，更是对其舆论治理与引导能力的考量。

随着大数据和人工智能技术的发展，社交媒体平台的用户区分，应该以某一话题空间下的舆情用户关系路径为判别依据。在社交媒体平台网络舆情用户的治理策略上，要摒弃身份和言论判断的旧模式。本书第四章提出利用知识图谱和Neo4j构建社交媒体平台的网络谣言意见领袖主题图谱，通过实体及用户关系对舆情用户进行相应的类群划分，实现舆情用户的类型化，从而进一步制定相应的舆情监管策略。在网络虚拟性的背景下，这种以舆情用户关系路径为判别依据的划分方式实现了对信息人身份的有效甄别。"用户类型——意见领袖标识"应被理解为基于话题空间中用户行为模式与关系路径所生成的一种功能性角色划分，而非依赖于传统社交媒体平台的实名认证机制。这种基于舆情语境和知识图谱的用户类型化方法，使监管部门能够在不依赖用户真实身份信息的前提下，识别并引导关键传播节点的舆论行为，从而实现对舆情生态的间接调控，避免对特定用户群体进行过度干预或失衡治理。

三　发挥主流媒体的作用

社交媒体平台为自媒体的发展提供了有利的土壤，相较于主流媒体，自媒体所生产的内容更为灵活，更容易适应社交媒体平台中舆情用户的消费习惯。但同时我们也应当注意到，自媒体的内容存在信息混杂的现象，若得不到有效的监管，极易成为滋生谣言的"温床"。

就媒体行业而言，主流媒体应当是自媒体的范本。针对自媒体良莠不齐的现象，主流媒体应当更为积极主动地参与舆情，积极履行自身在媒体行业中的职责，树立自己的"权威性"标识，并逐步打破由历史及现实体制等造成的呆板、单一的形象桎梏。主流媒体要在一定程度上"迎合"社交媒体平台的表达习惯，根据社交媒体平台的语言特征，运用一般舆情用户喜闻乐见的语言风格来发布信息，满足社交媒体平台上信息高度碎片化的需要。要多与社交媒体平台上的普通用户进行话题互动，设置专门的社交媒体平台网络账户运营岗位，保障互动频次，增加亲和力，不断增强其作为一般舆情用户的信息表达能力和信息沟通能力。同时，主流媒体还应当主动承担起对自媒体的规范责任，要善于洞察自媒体的流言蜚语，发挥自身的身份优势，主动向权威机构核实，保障自身新闻的准确性、客观性和及时性，正确地引导社会话题和网络舆论。增强社交媒体平台舆情用户对主流媒体的依赖，保障在突发事件及社会事件舆情中能够聚焦大众的视野，明确自身作为主流媒体的职责，逐步构建主流媒体在社交媒体平台中的主导地位。

第三节　社交媒体追溯网络谣言源头的治理策略

社交媒体追溯网络谣言源头是指利用技术手段和理论模型，从众多信息中识别并追溯出网络谣言信息的最初发布源和传播路径的过程。追踪网络谣言从源头开始的传播路径，包括网络谣言是如何被转发、评论、扩散的，以及哪些用户或节点在传播过程中起到了关键作用。通过追溯网络谣言源头，政府部门和监管机构可以迅速准确地定位网络谣言，及时采取措施进行辟谣、警告或采取法律手段，有效遏制网络谣言的扩散。社交媒体平台通过有效的网络谣言甄别和溯源机制，可以减少网络谣言的流传，提升平台信息的质量和用户的信任度，构建更加健康的网络舆论环境。

本书第五章基于信息理论利用区块链技术和 UML 图形构建了社交媒体平台网络谣言甄别模型，该模型提供了一种去中心化的可信任机制，通过"矿工"对信息进行加密、校验、广播、存储，识别网络源头并对网络谣言进行甄别，形成网络谣言自净机制。本节从上述研究成果出发，从加强权威节点的建立与优化信息验证流程、优化信息相似度计算方法提高网络谣言识别精确度和引入社区治理机制促进用户参与网络谣言识别等方面分别进行阐述。

一　加强权威节点的建立与优化信息验证流程

在当今社交媒体的浪潮中，网络谣言和虚假信息的广泛传播已成为一个突出问题，这不仅扭曲了公众的判断力，还可能对社会稳定和网络安全构成威胁。在社交媒体的镜头网络环境中，突发事件和热门议题的快速生成及其演进对网络生态具有深远影响，既能激发讨论，增强用户参与度，也可能导致信息碎片化，甚至滋生误导性信息或网络谣言，破坏网络环境的平衡。在这一复杂且动态的信息生态中，加强权威节点的建立与优化信息验证流程显得格外关键。

一方面，通过实施一系列认证措施，比如实名认证、专业资格认证等，确立权威节点的地位。挑选那些拥有丰富专业知识、广泛社会认可和强大影响力的个体或机构作为权威节点。这些节点不仅具备优秀的信息鉴别能力和公信力，还能迅速对社交媒体平台上的热门议题进行核实与验证。同时，为权威节点在社交媒体平台上赋予显著标识，以便用户识别和跟踪，并为其提供专门的信息发布及反馈通道，确保其观点有效地传达至大众。另一方面，借助人工智能、区块链等先进技术，建立一个高效率、高透明度的信息核实流程，对那些疑似为网络谣言的信息进行确认，并对已核实的网络谣言信息进行标记与公开。此外，设立信息追溯机制，追踪并识别网络谣言信息的源头发布者。利用区块链技术记录信息核实的全过程及结果，提升信息处理的透明度和可靠性。

通过权威节点的及时介入和信息验证机制的迅速反应，可以有效遏制网络谣言信息的生成和扩散速度。权威节点的设立和信息验证过程的透明化不仅能够作为公共教育的一种手段，提升公众辨别网络谣言的能力，还能减少社交媒体平台的信息污染，维护一个健康的网络讨论环境，并促进正面信息的广泛传播。通过及时地辟谣和信息核实，防止网络谣言误导公众，保障大众利益免受侵害。因此加强权威节点的建设和优化信息验证机制，对于提升社交媒体平台网络谣言治理中的信息真实性与可信度，以及维护健康的网络舆论环境，具有至关重要的作用。

二 优化信息相似度计算方法提高网络谣言识别精确度

在面对社交媒体平台上泛滥的网络谣言和虚假信息时，优化信息相似度计算方法提高网络谣言识别的精确度成为一项至关重要的任务。这项技术的核心在于通过精细化的算法分析，准确地识别和区分真实信息与网络谣言之间的细微差别，以降低误判率，提高舆情监控的效率和质量。

首先，采用先进的自然语言处理（NLP）技术和机器学习模型，如深度学习算法，深入挖掘文本信息的语义层次。这涵盖了对文本的隐含含义、语境联系及情绪倾向的细致分析，实现了在更精细的层面上辨识网络谣言与真实信息的区别的目标。其次，除了依赖文本内容的相似度计算，还应整合用户行为分析、信息传播模式、时间戳等多维数据进行综合判断。网络谣言通常伴随着特定的传播趋势和用户互动模式，通过这些独特特征的汇总分析，可以显著提升识别网络谣言的精度。最后，面对不断变化的社交媒体信息流，信息相似度计算方法需具备自适应与学习能力，即算法模型能基于最新数据持续自我优化，通过不断学习与迭代，适配网络谣言传播的新模式，确保随时间保持高识别精度。结合情感分析技术，能够识别信息中的情绪倾向，网络谣言往往旨在激发特定情绪反应（恐慌、愤怒等），将情绪分析作为辨识真伪的辅助维度，可以进一步增强识别的全面性与准确度。同时，在跨社交媒体平台的信息核对方面，要构建跨平台的信息共享与验证机制，加快信息的核实与辨识速度。比较不同平台上相似信息的传播动态和用户反馈，以提高网络谣言识别的准确度。

通过实施上述策略，不仅能显著提高社交媒体平台识别网络谣言的精确度，还能预防网络谣言的产生与扩散，为维护网络信息环境的真实与健康提供坚实支撑。这既是技术与算法的挑战，也是对现代社会信息处理能力的一次考验，对保护公众不受虚假信息侵害、维护社会稳定具有重要的意义。

三　引入社区治理机制促进用户参与网络谣言识别

在应对社交媒体上虚假信息和网络谣言泛滥的问题时，引入社区治理机制，激励用户积极参与网络谣言识别过程成为一项关键策略。这种策略不单依靠技术和算法的辅助，更强调社区成员的积极参与和智慧汇聚，目的是营造一个自主监督、高度互动的信息真实性鉴定环境。

首先，构建一个以奖励为基础的激励系统，鼓励用户投身于网络谣言的识别与核实工作中。通过赋予用户积分、徽章、认证等奖励形式，激发社区成员的积极性，使他们在识别和举报网络谣言的同时，享受到社区赋予的地位和认可。这样的正面反馈机制不仅提升了用户的参与热情，也促进了社区信息质量的整体提升。其次，开发并维护一个易用的报告及反馈系统，让用户能够无障碍地报告可疑信息，并实时追踪处理结果，辅以专业的审核团队或先进算法，对用户举报的内容进行迅速且精确的审查。透明公开的处理流程和结果，大大增强了社区治理的信誉和效能。再次，提升用户信息素养和批判性思维是社区治理成功的核心。通过组织定期的教育培训、在线课程、互动讨论等，增强用户识别网络谣言的能力，指导他们如何验证信息来源、分析信息的真伪。加深对信息质量的理解和认知，有助于培育出一种主动反对网络谣言、追求真实信息的社区文化。最后，跨平台合作在扩大社区治理机制影响力方面发挥着关键作用，通过与其他社交媒体平台、新闻机构、非政府组织等建立合作，共享网络谣言数据库和验证成果，实现信息的快速核实和辨识，从而提高网络谣言识别的准确度和效率。

通过引进社区治理机制，促使用户参与到网络谣言识别中，不仅显著增强了社交媒体平台对虚假信息的辨识和处理能力，还培养了用户的信息责任感与社区归属感，共筑健康、真实的网络信息生态。此项策略彰显了现代社会信息管理的一大进步，即依靠社区的集体力量，有效防范虚假信息侵害，保障真实信息的自由流通，为社会稳定与进步提供坚实保障。

第四节　社交媒体多元主体协同的治理策略

社交媒体多元主体协同涉及政府机构、媒体组织、社交平台及广大公众等多方利益相关者在社交媒体领域内的紧密合作与资源共享，共同致力于信息的生成、传播、监控及管理，旨在进行有效的网络环境治理与信息质量监控。这一协作机制立足于参与各方的责任感与能力，依托先进的技术与策略，有助于构建一个健康、透明、积极向上的网络信息生态。通过多元主体的共同努力，可以有效辨识和打击网络谣言和虚假信息，保障信息的真实性和可靠性，降低虚假信息对公众造成误导的风险。

本书第六章基于信息环境理论构建了社交媒体平台网络谣言形成路径分析框架，分析信息环境中的内部、外部环境对信息交流活动的作用，全面了解各要素之间的共生关系，探究网络谣言形成路径。本节从上述研究成果出发，从增强媒体责任感与提升报道质量、提升政府公信力与信息发布及时性和加强平台监管与社区协同治理等方面提出社交媒体平台网络谣言的治理策略。

一　增强媒体责任感与提升报道质量

在当前数字化和信息化时代，社交媒体已成为公众获取信息和表达观点的主要平台，其中媒体责任感与报道质量对于营造健康的网络舆论环境、维护社会稳定具有至关重要的作用。增强媒体责任感与提升报道质量不仅关系到真实信息的传递，还影响到公众对信息的判断和反应，进而关系到社会舆论的导向和社会心态的稳定。媒体作为信息传播的核心力量，承担着不可推卸的社会责任和公共使命。在社交媒体网络时代，信息的传播速度极快，一条不实信息可能会在短时间内引发广泛的社会关注甚至造成恐慌。因此，增强媒体责任感意味着媒体在发布每条信息前都需要进行严格的审核和验证，确保信息的真实性和客观性，避免造成不必要的社会影响。这种做法不仅是对公众的一种负责态度，也是对媒体自身声誉的一种保护。

首先，媒体应建立和完善内部信息审核机制，对信息来源进行严格筛选，对报道内容进行全面审核，主要包括对事实的核实、对数据的验证、对语言的审慎使用等方面。通过专业的编辑团队和法律顾问团队的共同努力，确保发布的每一条信息都经得起法律和道德的检验。其次，加强新闻从业人员的职业培训，提高他们的新闻伦理观和职业素养，使他们在面对复杂的社会现象时能够保持客观公正的态度，不被个人情感或外界压力所左右。同时，鼓励从业人员进行深入调查和实地采访，从多角度、多方面获取信息，提高报道的全面性和深度。再次，媒体可以利用大数据分析、人工智能等现代信息技术手段，对大量的数据进行分析和处理，从而提高新闻报道的时效性和准确性。通过对社交媒体平台上的热点话题进行实时监测和分析，及时发现并纠正错误信息，有效减少网络谣言和虚假信息的传播。最后，媒体应加强与公众的互动交流，通过线上与线下相结合的形式收集公众对新闻报道的反馈，了解公众的信息需求和关注点，及时调整报道策略和内容。同时，鼓励公众参与到新闻的生产和监督中来，形成多方参与、互相监督的良性互动模式。

总体而言，增强媒体责任感与提升报道质量是构建健康网络舆论环境、引导公众正确理解和处理信息的关键。通过建立严格的审核机制、提高从业人员素养、利用现代信息技术手段和加强与公众互动交流等措施，可以有效提升媒体报道的质量，减少虚假信息和网络谣言的传播，为维护社会稳定和公共利益做出贡献。

二　提升政府公信力与信息发布及时性

在当今社会，政府在社交媒体平台上的信息发布和公信力建设是维护社会稳定和营造健康网络舆论环境的关键因素。相较于媒体机构，政府在发布信息方面担负着更加重要的社会责任和公共使命，其信息的精确度、通透性以及时效性是社会信任和舆论稳定的基石。网络谣言的迅猛传播对于社会稳定是一个严峻的挑战。因此，提升政府公信力与加快信息发布速度成了遏制网络谣言、引导形成积极网络舆论的核心战略。准确且及时的信息发布不仅能塑造一个健康的网络舆论氛围，还是社会稳定的重要保障。然而，社交媒体的开放性和互动性为政府的信息管理带来了新的挑战。在这样的背景下，怎样提升政府的公信力并保证信息发布的及时性，是亟待解决的问题。

为此，政府亟须构建一个敏捷的信息发布体系，以确保在遭遇可能引发网络谣言的事件或信息时，能够迅速做出回应。这意味着需要建立专业的社交媒体监测和响应队伍，以对网络舆情进行实时跟踪，一旦发现潜在的网络谣言信息，就立即通过官方渠道进行准确的信息反馈。政府的信息发布不仅需要快速，更需要保障高度的透明性。对于公众高度关注的事件，政府应当提供全面而详尽的信息，涵盖事件的原因、发展进程、处理方式及最终结果。透明度的提升能有效提升公众信任度，缩小网络谣言的生成空间。进一步地，政府应基于社交媒体平台上的舆情变化，实施信息内容的动态管理。这包括及时更新与调整所发布的信息内容，确保信息的准确性与时效性，同时针对不同的网络谣言事件，应实施定制化的信息发布策略，比如提高信息透明度、提供充分的证据材料等，以提升信息的说服力。政府还需要精确掌握信息发布的最佳时机，避免因发布过早或过晚带来的负面影响。这要求政府对事件的进展进行实时监测，全面了解事件的实际情况及公众的情绪倾向和关注点，通过科学分析，明确信息发布的最佳时刻，以最大程度地引导公众舆论，减轻网络谣言的负面影响。

综上所述，通过建立一个及时、透明的信息发布体制，实施信息内容的动态管理，以及优化信息发布的时机，政府能够有效提升公信力，迅速而准确地应对社交媒体平台上的网络谣言，营造健康的网络舆论环境，保障社会的稳定与和谐。

三 加强平台监管与社区协同治理

在当前的社交媒体环境中，网络谣言的快速传播为社会稳定和公共安全带来了严峻挑战。面对此类问题，加强平台监管与社区协同治理成了有效遏制网络谣言的关键策略。通过综合利用技术手段和社群力量，可以在源头上控制网络谣言的生成和扩散，构建一个更加健康和真实的网络信息环境。

社交媒体平台需采纳尖端人工智能技术，如自然语言处理（NLP）与机器学习，构建一个动态的内容审核机制。这些高科技手段能够助力社交媒体平台对发布内容进行实时的监控与分析，自动辨识及标记可能的网络谣言信息，进而在网络谣言尚处于萌芽阶段时即采取干预措施。一旦发现网络谣言信息，社交媒体平台就应迅速激活快速反应机制，措施包括但不限于删除网络谣言内容、限制传播账号的活动范围，以及推广辟谣信息等。同时，社交媒体平台也应与政府、媒体等权威实体合作，发布官方的辟谣声明和精确信息，以此增强辟谣行动的权威性与有效性。此外，社交媒体平台应致力于培育和推广一种理性讨论、批判性思考的社区文化。通过开展各类线上和线下的公共教育活动、发布信息素养指导手册等举措，提升用户识别网络谣言的能力，培育用户追求真实信息的价值导向，并促使其自发抵制网络谣言。平台应设立奖励机制，激励用户积极上报网络谣言信息，并对有效上报行为给予奖励。同时，平台还可以创设便于用户参与的辟谣工具和专区，如"辟谣专栏"或"真相揭露"，让用户能直接参与到网络谣言信息的识别和辟谣活动中。另外不同社交媒体平台之间应建立起信息共享及协同治理的框架，对于跨平台传播的网络谣言信息实施联合打击。通过共享网络谣言信息库、统一发布辟谣信息等手段，形成强大的合作力量，显著提升整个网络环境对于网络谣言的防控效率。

总的来说，通过实行构建动态内容审核机制和快速反应机制、培育积极的社区文化、鼓励用户参与网络谣言管理以及加强平台间的合作等策略，能够有效地减少网络谣言的产生与传播，保障社会公共福祉，促进一个健康、真实、理性的网络舆论环境的形成。这不仅依赖于平台的技术革新与管理策略，更需要用户的主动参与和各界的协力。

第五节　本章小结

本章基于信息生态理论，分析社交媒体平台网络谣言治理的重要性及其所面临的严峻挑战。本章基于信息生态理论第四、第五、第六章的研究内容，从社交媒体用户关系认同、社交媒体追溯网络谣言源头以及社交媒体多元主体协同三个维度展开叙述，提出了相应的治理策略。本章的主要研究工作如下。

第一，分析社交媒体平台网络谣言治理的重要性，包含有助于维护社会和谐稳定、有助于社会主义文明建设以及有助于确立网络舆论观。同时也指出，由于社交媒体平台网络舆情用户类型出现分层分化趋势、社交媒体平台网络谣言治理体系不完善以及社交媒体平台网络群体利益诉求呈频繁多发趋势等因素，社交媒体平台网络谣言治理面临着严峻的挑战。

第二，从信息人的角度，提出社交媒体用户关系认同的治理策略。要善于运用大数据和人工智能技术，结合平台机制，完善用户类型化管理。同时，主流媒体要发挥作用，占领社交媒体平台的"舆论高地"，完善意见领袖沟通机制，充分发挥意见领袖在舆情治理中的积极作用。

第三，从信息的角度，提出社交媒体追溯网络谣言源头的治理策略。要善于通过权威节点的及时介入和信息验证机制的迅速反应，有效遏制网络谣言信息的生成和扩散速度，准确地识别和区分真实信息与网络谣言之间的细微差别，以降低误判率，提高舆情监控的效率和质量。同时，引入社区治理机制，促使用户参与到网络谣言识别中，增强用户的信息责任感与社区归属感，共筑健康、真实的网络信息生态。

第四，从信息环境的角度，提出社交媒体多元主体协同的治理策略。增强媒体责任感，对发布的信息进行严格的审核和验证，确保信息的真实性和客观性，避免造成不必要的社会影响。提升政府公信力与加快信息发布速度遏制网络谣言，准确且及时的信息发布有助于塑造一个健康的网络舆论氛围。同时，加强平台监管与社区协同治理，在源头上控制网络谣言的生成和扩散，构建一个更加健康和真实的网络信息环境。

第八章　研究结论与展望

本书对社交媒体平台网络谣言中意见领袖主题关系、源头甄别以及组态路径进行了深入分析，基于信息生态理论研究社交媒体平台网络谣言甄别与组态路径，在理论层面推动社交媒体平台网络谣言研究的纵向发展。同时，在实践层面为相关舆情监管部门强化社交媒体平台网络谣言治理提供科学指导。这些是本书的出发点。

本书以微博网络谣言事件为研究对象，结合文献分析法、实证研究法、知识图谱、区块链、模糊集定性比较分析法等方法，基于信息生态视角研究社交媒体平台网络谣言甄别与组态路径并提出治理策略。首先，第三章基于信息生态理论分析社交媒体平台网络谣言传播机理，是全书的理论核心；其次，第四章至第六章分别基于信息人、信息和信息环境实证分析意见领袖主题关系、源头甄别方式以及组态路径，为第七章提供理论支撑；最后，第七章基于信息生态理论结合第四、第五、第六章的研究内容提出社交媒体平台网络谣言治理策略，是本书实践层面的落脚点。

第一节　研究结论

本书的第四、第五、第六章为核心章节，主要研究结论包括以下几个方面。

第一，本书针对社交媒体平台网络谣言传播中的关键人物引导问题，结合知识图谱和 Neo4j 构建了社交媒体平台网络谣言意见领袖主题图谱。以"重庆大巴坠江·非女司机逆行导致"网络谣言话题为例，采集了微博相关的转发、评论和点赞数据，并构建了网络谣言意见领袖的实体及用户关系。通过开源工具 Neo4j，使用 Cypher 语言对数据进行主题图谱构建，分析了意见领袖的传播效率、传播路径和关键节点影响力。研究表明，意见领袖节点与普通用户节点之间的关系呈现频繁的交互模式，而不仅是单向舆情传播。某些意见领袖节点通过普通用户节点进行信息的转发与评论。相较于普通用户节点，意见领袖节点具有更高的信息传播效率，且较少受到他人言论的影响。随着意见领袖与大众之间壁垒的逐步减弱，信息源的中心性进一步凸显，网络谣言传播呈现多样化和复杂化的趋势，监管工作也逐渐从少数目标向特定群体转变。

第二，针对社交媒体平台网络谣言甄别和溯源问题。利用区块链构建社交媒体平台网络谣言甄别模型，该模型提供了一种去中心化的可信任机制，通过"矿工"对信息进行加密、校验、广播、存储，识别网络谣言源头并对网络谣言进行甄别，形成网络谣言自净机制。以微博热点网络谣言话题中的"塑料大米"为信息源，根据语义距离划分真实话题节点与谣言话题节点，通过仿真实验对基于区块链的网络谣言甄别模型进行验证及分析，运用区块链的特点追溯网络谣言源头并对网络谣言进行甄别。所构建的区块链网络谣言甄别模型，仅需要在舆情爆发期通过权威机构来构建区块链源节点进行区块链审核，并通过相似度函数及随机算法来有效地进行模型构建。到舆情发酵期，网络谣言信息节点由于其累计"挖矿"难度的不断提升，已经很难接入区块链，从而丧失了舆情传播的能力。区块链模型可以根据用户发布的信息与权威机构发布的信息之间的语义相似度来调整挖掘难度。网络谣言信息节点产生的分支链的挖掘难度远远高于真实信息节点，因此网络谣言信息节点将被相应的修剪算法识别，无法访问主链。网络谣言信息节点所形成的分支链可被视为网络谣言在社交媒体平台中的具体传播路径，通过区块链机制下的识别与剪枝算法，可实现对这些传播路径的有效拦截，从而在源头上遏制网络谣言的二次扩散。

第三，针对社交媒体平台网络谣言组态路径问题。通过构建社交媒体平台网络谣言形成路径分析框架，结合 30 个微博热点网络谣言事件，选取媒体报道偏差、政府信任度优化、网民认知偏差、平台管控、话题敏感度、信息传播形式、信息模糊性 7 个条件变量，采用模糊集定性比较分析法中的"四值模糊集校准法"和"均值锚点法"对数据进行校准。使用

fsQCA3.0 软件构建真值表，探究网络谣言的组合逻辑和形成路径。研究结果显示，社交媒体平台网络谣言不是由某个特定的因素引发的，而是多个条件变量共同促进了网络谣言的形成，本书进一步从组态视角分析网络谣言的条件组合，并将其概括为媒体影响偏差型、公共治理低效型和共同作用型。通过对条件组态的深度挖掘，可以将生成的四条路径归纳为三种构型，核心因果性变量为内部环境中的媒体报道偏差与政府信任度优化，其他内部、外部变量则作为辅助促进网络谣言的扩散。由于受到外部信息环境的影响，网络谣言的形成路径存在差异，但每条路径中均存在网民认知偏差和平台管控。

第二节　研究创新点

本书的研究创新点概括如下。

第一，本书结合知识图谱和 Neo4j 构建了社交网络谣言意见领袖主题图谱，并对其中的实体及用户关系进行分析，确定了意见领袖的关系路径分析参数。基于信息人理论，采用实证研究方法，以"重庆大巴坠江·非女司机逆行导致"网络谣言话题为例，分析了社交媒体平台中意见领袖的作用，并构建了对应的实体及用户关系模型。使用开源知识图谱工具 Neo4j 进行主题图谱构建，并利用 Cypher 语言分析了意见领袖的传播效率、传播路径和关键节点影响力，为理解社交媒体平台网络谣言传播中的关键人物及其传播能力提供了新的视角。

第二，利用区块链技术和 UML 图形构建社交媒体平台网络谣言甄别模型，追溯网络谣言源头。基于信息理论，采用仿真实验，结合"塑料大米"网络谣言话题，根据语义距离划分真实话题节点与谣言话题节点，通过"矿工"对信息进行加密、校验、广播、存储，识别网络谣言源头并对网络谣言进行甄别，形成网络谣言自净机制，仿真实验以评论数据为载体验证了模型在控制谣言传播方面的有效性。重点分析如何利用区块链保证舆情信息传播的安全性及可追溯性，以及对网络谣言进行净化和保证舆情信息完整性，并对社交媒体平台网络谣言甄别模型的数据安全性、优越性以及局限性进行讨论分析。

第三，通过构建社交媒体平台网络谣言形成路径分析框架，探究网络谣言的组合逻辑和形成路径。基于信息环境理论，采用模糊集定性比较分析法，结合 30 个微博热点网络谣言事件，选取媒体报道偏差、政府信任度优化、网民认知偏差、平台管控、话题敏感度、信息传播形式、信息模糊性等条件变量，采用 fsQCA3.0 软件对网络谣言的形成因素进行必要性检验，研究结果显示，社交媒体平台网络谣言不是由某个特定的因素引发的，而是多个条件变量共同促进了网络谣言的形成，本书进一步从组态视角分析网络谣言的条件组合，并将其概括为媒体影响偏差型、公共治理低效型和共同作用型，并针对三种构型进行讨论分析，揭示网络谣言形成路径中各条件变量之间复杂的因果关系。

第三节 研究局限及展望

本书的研究存在一定的局限性。本书在实证研究过程中仅选择微博作为数据源，平台较为单一，容易导致研究存在一定的偏差。主要局限体现在以下几个方面。第一，本书在社交媒体平台网络谣言意见领袖主题关系研究中，未剔除不活跃用户数据，可能导致研究中存在偏差，同时也未考虑动态微博传播中意见领袖影响力的变化趋势。第二，本书在社交媒体平台网络谣言甄别及仿真实验中，未考虑信息存储上限，由于区块链的分布式记账存储信息的能力，各个节点更新的信息所有节点都会进行存储，存储的信息量越来越多，增加了区块链的空间成本。第三，本书在社交媒体平台网络谣言组态路径研究中，只选取了网络谣言的部分影响因素，且网络谣言事件选取的量较少，覆盖率相对较低。

在未来的研究中，笔者将从以下几个方面进行改进并拓宽研究方向。第一，扩展数据源。将选取持续时间更长的话题及更多的数据源，并通过对动态网络的分析对社交媒体平台网络谣言传播中的意见领袖知识图谱可视化展开更为深入的分析；增加网络谣言事件选取数量，扩大研究结果的适用范围，使研究结论更具有普适性，以弥补本书的不足。第二，优化算法。考虑运用计算词向量的余弦距离算法，使大部分的非谣言节点能接入区块链。

参考文献

［1］ 边晓慧、徐童：《重大突发公共卫生事件下的公众情感演进分析：基于新冠肺炎疫情的考察》，《数据分析与知识发现》2022 年第 7 期。

［2］ 曹树金、岳文玉：《突发公共卫生事件微博舆情主题挖掘与演化分析》，《信息资源管理学报》2020 年第 6 期。

［3］ 曹双喜、邓小昭：《网络用户信息行为研究述略》，《情报杂志》2006 年第 2 期。

［4］ 常宁等：《信息生态视角下热点舆论传播多点触发机制实证研究》，《情报科学》2023 年第 11 期。

［5］ 陈二静、姜恩波：《文本相似度计算方法研究综述》，《数据分析与知识发现》2017 年第 6 期。

［6］ 陈芬等：《融合用户特征与多级文本倾向性分析的网络意见领袖识别》，《情报理论与实践》2018 年第 7 期。

［7］ 陈娟等：《政府辟谣信息的用户评论及其情感倾向的影响因素研究》，《情报科学》2017 年第 12 期。

［8］ 陈梁等：《基于社会网络分析的用户在线健康辟谣意愿研究——社会资本与独立型自我构念的作用》，《情报杂志》2023 年第 12 期。

［9］ 陈曙：《信息生态研究》，《图书与情报》1996 年第 2 期。

［10］ 陈思菁等：《突发事件信息传播网络中的关键节点动态识别研究》，《情报学报》2019 年第 2 期。

［11］ 储节旺等：《网络信息服务中的算法安全问题：以信息生态系统视域分析》，《情报理论与实践》2023 年第 7 期。

［12］ 丛靖怡等：《基于信息交互视角的突发公共事件舆情反转治理路径研

究》，《情报学报》2022 年第 6 期。

[13] 崔鹏等：《突发公共事件网络舆情演化及政府应对能力研究》，《现代情报》2018 年第 2 期。

[14] 单晓红等：《组态视角下网络舆情衍生话题形成路径研究——基于微博数据的模糊集定性比较分析》，《情报理论与实践》2022 年第4 期。

[15] 邓春林、刘晓晴：《重大突发事件中社交媒体用户情感体验关键影响因素识别研究》，《情报科学》2023 年第 9 期。

[16] 邓建高等：《突发公共卫生网络舆情信息传播博弈分析》，《现代情报》2021 年第 5 期。

[17] 邓胜利、付少雄：《社交媒体附加信息对用户信任与分享健康类谣言的影响分析》，《情报科学》2018 年第 3 期。

[18] 迪路阳等：《网络舆情预警研究综述》，《数据分析与知识发现》2023 年第 8 期。

[19]《第 54 次〈中国互联网络发展状况统计报告〉》，中国互联网络信息中心，2024 年 8 月 29 日，https://www.cnnic.net.cn/n4/2024/0829/c88-11065.html。

[20] 丁浩等：《基于网络突发公共卫生事件早期谣言识别研究——以新冠疫情谣言为例》，《情报科学》2023 年第 4 期。

[21] 董微微：《基于 PSR 模型中国网络信息生态环境评价及障碍因子分析》，《情报科学》2019 年第 4 期。

[22] 方兴林：《基于学术迹的微博传播力评价方法及效果研究》，《情报资料工作》2019 年第 2 期。

[23] 冯秋燕、朱学芳：《社交媒体用户价值画像建模与应用研究》，《情报资料工作》2019 年第 6 期。

[24] 冯新翎等：《"科学知识图谱"与"Google 知识图谱"比较分析——基于知识管理理论视角》，《情报杂志》2017 年第 1 期。

[25] 伏虎：《多媒体网络突发事件舆情语义识别及危机响应研究》，《情报科学》2021 年第 5 期。

[26] 富子元等：《突发公共卫生事件下健康信息需求的主题与用户情感实

证研究》，《晋图学刊》2023 年第 2 期。

[27] 高影繁等：《台风眼效应中的突发事件舆情数据分析方法》，《情报工程》2020 年第 2 期。

[28] 龚梓坤、陈雅乔：《社交媒体用户与传统媒体受众间的比较研究》，《传媒论坛》2018 年第 16 期。

[29] 谷重阳等：《基于词汇语义信息的文本相似度计算》，《计算机应用研究》2018 年第 2 期。

[30] 顾秋阳：《融入改进 SIR 模型的移动社交网络谣言传播用户群体动态演化仿真研究》，《情报科学》2019 年第 10 期。

[31] 郭秋实等：《引入知识表示的图卷积网络谣言检测方法》，《计算机应用研究》2022 年第 7 期。

[32] 郭苏琳等：《区块链技术对舆情用户信息接受行为意愿的影响研究》，《情报杂志》2020 年第 10 期。

[33] 郭璇等：《基于深度学习和公开来源信息的反恐情报挖掘》，《情报理论与实践》2017 年第 9 期。

[34] 韩雅男：《二级传播与沉默的螺旋理论在微博使用中的解析》，《新闻传播》2012 年第 10 期。

[35] 韩子静：《信息生态系统初探》，《图书情报工作》2008 年第 S2 期。

[36] 黄微等：《大数据环境下多媒体网络舆情传播要素及运行机理研究》，《图书情报工作》2015 年第 21 期。

[37] 纪雪梅、李长荣：《信息生态视角下在线健康社区用户情感交互意愿的影响因素研究》，《现代情报》2022 年第 1 期。

[38] 贾若男等：《社交媒体中突发公共卫生事件网络辟谣信息主体研究》，《图书情报工作》2021 年第 19 期。

[39] 蒋侃、唐竹发：《微博情境下网络舆情关键节点识别及扩散模式分析》，《图书情报工作》2015 年第 20 期。

[40] 蒋宇等：《面向舆情预测的突发事件首发信息风险评估研究》，《图书与情报》2016 年第 3 期。

[41] 金鑫等：《突发事件网络舆情的演变机制及其情感性分析研究》，《现代情报》2012 年第 12 期。

［42］靖继鹏：《信息生态理论研究发展前瞻》，《图书情报工作》2009 年第 4 期。

［43］孔德鹏等：《信息内卷化：政府网络舆情治理能力的提升路径》，《情报杂志》2022 年第 11 期。

［44］孔婧媛等：《跨社交媒体舆情关键节点识别方法及其实证研究》，《现代情报》2024 年第 9 期。

［45］李慧、徐光辉：《融媒体时代高校图书馆网络舆情引导与干预策略研究》，《传媒论坛》2022 年第 18 期。

［46］李键菲：《基于信息生态链的信息污染及主体防范策略》，《情报资料工作》2010 年第 3 期。

［47］李洁、周毅：《网络信息内容生态安全风险：内涵、类型、成因与影响研究》，《图书情报工作》2022 年第 5 期。

［48］李宗富、张向先：《政务微信信息生态链的构成要素、形成机理、结构与类型》，《情报理论与实践》2016 年第 8 期。

［49］梁晓贺等：《基于超网络的微博相似度及其在微博舆情主题发现中的应用》，《图书情报工作》2020 年第 11 期。

［50］廖梦夏：《冲突叙事、纠偏干预与舆情反转结果——对 43 个媒介事件的模糊集定性比较分析》，《现代传播（中国传媒大学学报）》2020 年第 5 期。

［51］凌晨等：《基于 SOAR 模型的高校网络舆情应急响应研究》，《情报科学》2019 年第 9 期。

［52］刘昉、曹炯清：《基于计算机大数据的信息安全处理技术分析》，《电脑知识与技术》2020 年第 1 期。

［53］刘焕：《公共事件中政府回应对公众认知偏差的影响》，《情报杂志》2020 年第 1 期。

［54］刘继、李磊：《基于微博用户转发行为的舆情信息传播模式分析》，《情报杂志》2013 年第 7 期。

［55］刘泉等：《考虑反从众心理因素的微博网络舆情演化模型》，《情报科学》2020 年第 11 期。

［56］刘文强：《移动社交网络次生舆情的动态预警方法研究》，《情报杂

志》2020 年第 4 期。

[57] 刘小波：《基于 NetLogo 平台的舆情演化模型实现》，《情报资料工作》2012 年第 1 期。

[58] 刘嫣等：《移动终端视角下的老年用户在线健康信息搜寻行为影响因素研究》，《图书情报工作》2021 年第 11 期。

[59] 刘雨农、刘敏榕：《社会化问答平台的社区网络形态与意见领袖特征——以知乎网为例》，《情报资料工作》2017 年第 2 期。

[60] 刘裕等：《网络信息服务平台用户个人信息安全风险及其治理——基于 117 个 APP 隐私政策文本的内容分析》，《图书情报工作》2022 年第 5 期。

[61] 刘自强等：《多维度视角下我国网络舆情热点话题演化特征研究》，《情报科学》2024 年第 5 期。

[62] 娄策群、周承聪：《信息生态链中的信息流转》，《情报理论与实践》2007 年第 6 期。

[63] 楼雯等：《融合依存句法网络和 PageRank 的检索词推荐方法研究》，《情报学报》2023 年第 11 期。

[64] 罗义成：《和谐信息生态探析》，《情报科学》2006 年第 7 期。

[65] 马捷等：《社会公共事件网络信息生态链模型与优化策略》，《图书情报工作》2014 年第 16 期。

[66] 马哲坤、涂艳：《国内外网络舆情研究热点及演化趋势分析》，《情报探索》2015 年第 7 期。

[67] 毛太田等：《新媒体时代下网络热点事件情感传播特征研究》，《情报科学》2019 年第 4 期。

[68] 莫祖英等：《社交媒体用户虚假信息验证行为影响模型实证研究》，《信息资源管理学报》2023 年第 4 期。

[69] 莫祖英等：《突发公共事件下社交媒体虚假信息自净化动态博弈模型演化分析》，《情报杂志》2023 年第 9 期。

[70] 裴成发、边旭俊：《对信息生态链中的信息环境研究》，《兰台世界》2019 年第 2 期。

[71] 彭竞杰等：《融合用户传播倾向信息的超图网络谣言检测模型》，《数

据分析与知识发现》2024 年第 6 期。

[72] 仇智鹏等：《度相关性对复杂网络目标控制的影响》，《计算机科学与探索》2018 年第 4 期。

[73] 钱丹丹：《微博信息生态系统构建机理》，《情报科学》2016 年第 9 期。

[74] 钱旦敏等：《基于信息可信度评估的突发公共卫生事件谣言识别研究》，《情报科学》2024 年第 2 期。

[75] 《〈食品谣言治理报告〉发布食品药品类谣言敏感程度》，中国质量新闻网，2017 年 7 月 13 日，http://www.cqn.com.cn/zgzlb/content/2017-07/13/content_4563191.htm。

[76] 司湘云等：《公共危机情境下政府信息供给与公众信息需求差距分析》，《情报理论与实践》2024 年第 2 期。

[77] 孙钦莹、任晓丽：《基于双重失衡环境的网络舆情演化机理与治理策略研究》，《情报杂志》2023 年第 4 期。

[78] 孙晓宁、景雨田：《弹幕用户信息规避行为过程与情感演化研究》，《图书情报知识》2024 年第 2 期。

[79] 谭雪晗等：《基于 SNA 的事故灾难舆情关键用户识别及治理》，《情报学报》2017 年第 3 期。

[80] 唐恒、邱悦文：《多源信息视角下的多指标新兴技术主题识别研究——以智能网联汽车领域为例》，《情报杂志》2021 年第 3 期。

[81] 唐晓波、宋承伟：《基于复杂网络的微博舆情分析》，《情报学报》2012 年第 11 期。

[82] 唐雪梅等：《社会化媒体用户信息转发的研究述评》，《情报杂志》2022 年第 7 期。

[83] 滕婕等：《信息共享行为下基于随机微分博弈的辟谣效果预测研究》，《情报科学》2022 年第 6 期。

[84] 万立军等：《基于 SIRS 模型的微博社区舆情传播与预警研究》，《情报科学》2021 年第 2 期。

[85] 汪明艳、陈梅：《社交媒体网络舆情传播影响力研究综述》，《情报科学》2017 第 5 期。

［86］ 汪明艳等：《舆论反转中群体极化效应的影响因素研究》，《情报杂志》2018 年第 9 期。

［87］ 汪子航等：《基于可解释图神经网络模型的社交媒体谣言识别研究》，《情报学报》2023 年第 11 期。

［88］ 王芳、王晴：《微博舆情的演化机理、价值特征与治理机制》，《情报杂志》2014 第 1 期。

［89］ 王根生等：《一种融合知识图谱的图注意力神经网络谣言实时检测方法》，《数据分析与知识发现》2024 年第 6 期。

［90］ 王华等：《网络舆情突发热点事件风险模糊综合评价研究》，《情报理论与实践》2023 年第 11 期。

［91］ 王佳佳、邱小燕：《网络谣言与恐慌情绪并行传播相互影响研究》，《情报杂志》2021 年第 4 期。

［92］ 王建亚等：《规范激活理论视角下健康谣言对抗行为影响因素组态研究》，《情报资料工作》2024 年第 1 期。

［93］ 王林等：《社交媒体中突发公共卫生事件舆情传播与演变——以 2018 年疫苗事件为例》，《数据分析与知识发现》2019 年第 4 期。

［94］ 王楠等：《基于博弈论视角的短视频用户信息传播模型及实证研究——以"钟薛高烧不化事件"为例》，《情报理论与实践》2023 年第 9 期。

［95］ 王微等：《信息生态视角下移动短视频 UGC 网络舆情传播行为影响因素研究》，《情报理论与实践》2020 年第 3 期。

［96］ 王巍：《网络用户对虚假社会新闻的态度及行为：基于 ELM 模型的实证分析》，《情报科学》2021 年第 12 期。

［97］ 王晰巍等：《基于 LDA 的微博用户主题图谱构建及实证研究——以"埃航空难"为例》，《数据分析与知识发现》2020 年第 10 期。

［98］ 王晰巍等：《基于贝叶斯模型的移动环境下网络舆情用户情感演化研究——以新浪微博"里约奥运会中国女排夺冠"话题为例》，《情报学报》2018 年第 12 期。

［99］ 王晰巍等：《基于区块链的网络谣言甄别模型及仿真研究》，《情报学报》2021 年第 2 期。

［100］ 王晰巍等：《社交媒体环境下网络谣言国内外研究动态及趋势》，

《情报资料工作》2020 年第 2 期。

[101] 王晰巍等：《社交网络舆情中意见领袖主题图谱构建及关系路径研究——基于网络谣言话题的分析》，《情报资料工作》2020 年第 2 期。

[102] 王晰巍等：《突发公共事件下社交网络谣言辟谣效果评价及实证研究》，《情报理论与实践》2022 年第 12 期。

[103] 王晰巍等：《突发公共卫生事件下网络谣言传播逆转模型及仿真研究》，《图书情报工作》2021 年第 19 期。

[104] 王晰巍等：《突发公共卫生事件用户辟谣信息传播意愿研究》，《现代情报》2022 年第 1 期。

[105] 王晰巍等：《突发公共卫生事件中公民隐私泄露舆情的情感演化图谱研究》，《情报理论与实践》2022 年第 3 期。

[106] 王晰巍等：《微博信息生态链的形成机理及仿真研究——以新浪微博低碳技术话题为例》，《情报理论与实践》2015 年第 6 期。

[107] 王晰巍等：《新媒体环境下社会公益网络舆情传播研究——以新浪微博"画出生命线"话题为例》，《数据分析与知识发现》2017 年第 6 期。

[108] 王晰巍等：《新媒体环境下网络社群情境信息共享影响因素实证研究——基于信息生态群落视角》，《情报学报》2017 年第 10 期。

[109] 王珏、刘东苏：《基于 PageRank 的动态网络核心节点检测及演化分析》，《情报学报》2018 年第 7 期。

[110] 王日芬等：《传播阶段中不同传播者的舆情主题发现与对比分析》，《现代情报》2018 年第 9 期。

[111] 王日芬等：《微博舆情社会网络关键节点识别与应用研究》，《情报资料工作》2016 年第 3 期。

[112] 《微博公布 2023 年第三季度未经审计财务业绩》，新浪网，2023 年 11 月 9 日，https://finance.sina.com.cn/stock/usstock/c/2023-11-09/doc-imztzksh0045805.shtml。

[113] 《2024 微博用户消费趋势报告发布》，手机新浪网，2024 年 12 月 17 日，https://news.sina.cn/gn/2024-12-17/detail-inczuert5772102.d.

html。

［114］位志广等：《基于随机森林的健康谣言分享意愿研究》，《现代情报》2020 年第 5 期。

［115］魏明珠等：《信息生态视角下网络舆情生态多维图谱构建研究》，《情报科学》2021 年第 6 期。

［116］吴越等：《ParallelGAT：网络谣言检测方法》，《情报杂志》2023 年第 5 期。

［117］肖倩等：《一种融合 LDA 与 CNN 的社交媒体中热点舆情识别方法》，《情报科学》2019 年第 11 期。

［118］《〈新媒体蓝皮书：中国新媒体发展报告（2024）〉成功发布》，中国网，2024 年 12 月 5 日，http://www.china.com.cn/zhibo/content_117589265.shtml。

［119］熊大平等：《一种基于 LDA 的社区问答问句相似度计算方法》，《中文信息学报》2012 年第 5 期。

［120］徐佳雨、张敏：《基于模糊集值法和云重心法的网络舆情风险预警方法研究》，《情报探索》2021 年第 5 期。

［121］许莉薇等：《EID 事件情境下情绪对信息分享行为的动态影响——人格特质的调节作用》，《信息资源管理学报》2023 年第 3 期。

［122］许烨婧等：《多媒体网络舆情信息并发获取模型构建及实证分析》，《图书情报工作》2020 年第 23 期。

［123］严丽：《信息生态因子分析》，《情报杂志》2008 年第 4 期。

［124］阳长征：《社交网络中辟谣信息回波损耗与互感耦合研究》，《情报杂志》2023 年第 5 期。

［125］杨克岩：《电子商务信息生态系统的构建研究》，《情报科学》2014 年第 3 期。

［126］杨仁彪、尹春晓：《社交媒体辟谣信息传播效果组合因素探究：基于多情境的比较分析》，《图书情报工作》2023 年第 24 期。

［127］杨仁彪、尹春晓：《社交平台视域下考虑免疫逃逸效应的谣言传播与管控模型研究》，《情报科学》2024 年第 1 期。

［128］杨小溪等：《基于信息生态理论的网络舆情预警评价指标体系研

究》，《情报理论与实践》2021 年第 3 期。

[129] 杨洋洋、谢雪梅：《三元主体交互视角下网络谣言监管的博弈演化研究》，《现代情报》2021 年第 5 期。

[130] 杨永清等：《舆情传播中社交网络圈群结构属性的影响机制研究》，《情报杂志》2023 年第 7 期。

[131] 于凯、杨富义：《社会安全事件网络舆情多属性演化分析与知识图谱构建》，《情报工程》2022 年第 4 期。

[132] 余红、马旭：《社会表征理论视域下网络公共事件的共识达成机制研究——以"电梯劝烟猝死案"的社交媒体讨论为考察对象》，《情报杂志》2019 年第 8 期。

[133] 袁国栋：《网络舆情危机演变特征及其预警方案研究》，《现代情报》2021 年第 7 期。

[134] 曾寰等：《基于演化博弈和网络拓扑结构的改进 SIR 模型——以疫情舆情分析为例》，《井冈山大学学报》（自然科学版）2022 年第 2 期。

[135] 曾润喜：《网络舆情管控工作机制研究》，《图书情报工作》2009 年第 18 期。

[136] 曾粤亮等：《信息生态理论视角下大学生网络健康信息焦虑形成影响因素与对策研究》，《图书情报工作》2024 年第 1 期。

[137] 曾子明等：《面向突发公共卫生事件网络舆情的事理图谱构建及演化分析》，《情报理论与实践》2023 年第 8 期。

[138] 詹姆斯·卡茨：《传播视角下的社会网络与公民新闻对传统报纸的挑战》，赵康编译，《新闻与传播研究》2012 年第 3 期。

[139] 张金鑫等：《具有多个传播源的网络谣言传播与导控模型研究》，《情报科学》2020 年第 11 期。

[140] 张柳等：《信息生态视角下微博舆情生态性评价指标及实证研究》，《情报理论与实践》2022 年第 3 期。

[141] 张明、杜运周：《组织与管理研究中 QCA 方法的应用：定位、策略和方向》，《管理学报》2019 年第 9 期。

[142] 张思龙等：《基于知识图谱的网络舆情研判系统研究》，《现代情

报》2021 年第 4 期。

[143] 张卫东等：《角色演变视角下辟谣信息对社交媒体意见领袖形成的影响——基于舆论领导法则》，《情报理论与实践》2024 年第 1 期。

[144] 张向先等：《我国信息生态学研究现状综述》，《情报科学》2008 年第 10 期。

[145] 张亚明等：《信息生态视域下网络舆情反转生成机理研究——基于 40 个案例的模糊集定性比较分析》，《情报科学》2023 年第 3 期。

[146] 张玉亮、杨英甲：《基于扎根理论的政府食品安全网络谣言介入行为有效性研究》，《情报杂志》2018 年第 3 期。

[147] 张玉亮、赵玉莹：《突发事件中网民信息异化模仿行为的类型及发生机理研究》，《情报杂志》2024 年第 3 期。

[148] 章留斌等：《基于社会安全阀的地方政务发布舆情预警模型研究》，《情报科学》2020 年第 4 期。

[149] 赵丹等：《区块链环境下的网络舆情信息传播特征及规律研究》，《情报杂志》2018 年第 9 期。

[150] 赵丹等：《新媒体环境下的网络舆情特征量及行为规律研究——基于信息生态理论》，《情报学报》2017 年第 12 期。

[151] 赵丹等：《新媒体环境下的微博舆情传播态势模型构建研究——基于信息生态视角》，《情报杂志》2016 年第 10 期。

[152] 赵杨等：《基于多模态情感分析的图书馆智能服务用户情感体验度量》，《情报科学》2023 年第 9 期。

[153] 郑建国等：《基于情境的社交网络信息传播链路预测研究》，《情报理论与实践》2018 年第 6 期。

[154] 钟义勇等：《基于 LAL 的微博舆情演化趋势预测与实证研究》，《情报探索》2023 年第 6 期。

[155] 周林兴、王帅：《事理图谱模型下的重大突发事件网络舆情诱发与缓释机理研究》，《图书情报工作》2023 年第 12 期。

[156] 周知等：《认知失调背景下数字原住民网络谣言接受影响因素研究》，《情报理论与实践》2024 年第 3 期。

[157] 周忠玉等：《图论最短路径算法的图形化演示及系统设计》，《电脑

知识与技术》2016 年第 18 期。

［158］ 朱贺：《融合信息对抗及混合特征表示的社交网络谣言检测方法》，《情报杂志》2024 年第 2 期。

［159］ 朱晓卉等：《基于微博核心实体的情感分析方法及引导机制研究》，《情报科学》2022 年第 3 期。

［160］ 朱晓霞等：《基于动态主题—情感演化模型的网络舆情信息分析》，《情报科学》2019 年第 7 期。

［161］ Alasmari, H., et al., "Using two theories in exploration of the health information diffusion on social media during a global health crisis", *Journal of Information & Knowledge Management* 22 (2), 2023, p. 2250095.

［162］ Algredo-Badillo, I., et al., "FPGA-based implementation alternatives for the inner loop of the Secure Hash Algorithm SHA−256", *Microprocessors & Microsystems* 37 (6-7), 2013, pp. 750-757.

［163］ Alharby, M., Moorsel, A. V., "The impact of profit uncertainty on miner decisions in blockchain systems", *Electronic Notes in Theoretical Computer Science* 10 (340), 2018, pp. 151-167.

［164］ An, L., et al., "A prediction model of users' attention transfer in the context of multitopic competition", *Aslib Journal of Information Management* 76 (3), 2024, pp. 461-476.

［165］ An, L., et al., "Prediction of microblogging influence and measuring of topical influence in the context of terrorist events", *ISSI*, 2019, pp. 2082-2087.

［166］ Arquam, M., et al., "A blockchain-based secured and trusted framework for information propagation on online social networks", *Social Network Analysis and Mining* 11 (1), 2021, p. 49.

［167］ Askarizadeh, M., Ladani, B. T., "Soft rumor control in social networks: Modeling and analysis", *Engineering Applications of Artificial Intelligence* 100, 2021, p. 104198.

［168］ Aste, T., et al., "Blockchain technologies: The foreseeable impact on society and industry", *Computer* 50 (9), 2017, pp. 18-28.

[169] Barth, S., et al., "Putting the privacy paradox to the test: Online privacy and security behaviors among users with technical knowledge, privacy awareness, and financial resources", *Telematics and Informatics* 41, 2019, pp. 55-69.

[170] Behera, R. K., et al., "Co-LSTM: Convolutional LSTM model for sentiment analysis in social big data", *Information Processing & Management* 58 (1), 2021, p. 102435.

[171] Bin, S., Sun, G., "Research on the influence maximization problem in social networks based on the multi-functional complex networks model", *Journal of Organizational and End User Computing* 34 (3), 2022, pp. 1-17.

[172] Borah, P., Lorenzano, K. J., "Who corrects misinformation online? Self-perceived media literacy and the moderating role of reflective judgment", *Online Information Review* 48 (4), 2024, pp. 661-675.

[173] Burkholder, B. T., Toole, M. J., "Evolution of complex disasters", *Lancet* 346 (8981), 1995, pp. 1012-1015.

[174] Chen, A., Zhang, X., "Changing social representations and agenda interactions of gene editing after crises: A network agenda-setting study on Chinese social media", *Social Science Computer Review* 40 (5), 2022, pp. 1133-1152.

[175] Chen, C. P., et al., "Employing a data mining approach for identification of mobile opinion leaders and their content usage patterns in large telecommunications datasets", *Technological Forecasting & Social Change* 130, 2018, pp. 88-98.

[176] Choi, S. H., Seo, H., "Rumor spreading dynamics with an online reservoir and its asymptotic stability", *Networks and Heterogeneous Media* 16 (4), 2021, pp. 535-552.

[177] Damerchiloo, M., Baghalha, F., "Management of the COVID-19 infodemic in Asian countries: What should we know?", *Systematic Review* 73 (3), 2023, pp. 187-198.

［178］ Ding, Q. , et al. , "Modeling and characterization of the detection and suppression of bogus messages in vehicular Ad Hoc networks", *IEEE Transactions on Mobile Computing* 22 (10), 2023, pp. 6027-6040.

［179］ Dogruel, L. , et al. , "Disclosing personal information in mHealth Apps. Testing the role of privacy attitudes, App habits, and social norm cues", *Social Science Computer Review* 41 (5), 2023, pp. 1791-1810.

［180］ Domínguez-Romero, E. , "Reframing (inner) terror: A digital discourse-based approach to evidential repositioning of reader reactions towards visual reframing", *Profesional de la información* 29 (6), 2020, p. e290636.

［181］ Dorri, A. , et al. , "Block Chain: A distributed solution to automotive security and privacy", *IEEE Communications Magazine* 55 (12), 2017, pp. 119-125.

［182］ Eryomin, A. L. , "Information ecology—a viewpoint", *International Journal of Environmental Studies* 54 (3-4), 1998, pp. 241-253.

［183］ Fan, T. , et al. , "Multimodal sentiment analysis for social media contents during public emergencies", *Journal of Data and Information Science* 8 (3), 2023, pp. 27-87.

［184］ Finin, T. , et al. , "The information ecology of social media and online communities", *AI Magazine* 29 (3), 2008, pp. 77-92.

［185］ Franco, S. , et al. , "A systematic study of knowledge graph analysis for cross-language plagiarism detection", *Information Processing & Management* 52 (4), 2016, pp. 550-570.

［186］ Gever, V. C. , et al. , "Modeling predictors of COVID-19 health behaviour adoption, sustenance and discontinuation among social media users in Nigeria", *Telematics and Informatics* 60, 2021, p. 101584.

［187］ Ghai, A. , et al. , "A deep-learning-based image forgery detection framework for controlling the spread of misinformation", *Information Technology & People* 37 (2), 2024, pp. 966-997.

［188］ Goldani, M. H. , et al. , "Convolutional neural network with margin loss for fake news detection", *Information Processing & Management* 58 (1), 2021, p. 102418.

[189] Hammou, B. A., et al., "Towards a real-time processing framework based on improved distributed recurrent neural network variants with fast-Text for social big data analytics", *Information Processing & Management* 57 (1), 2020, p. 102122.

[190] Hong, Y., et al., "Understanding the health information sharing behavior of social media users: An empirical study on WeChat", *Journal of Organizational and End User Computing* 33 (5), 2021, pp. 180−203.

[191] Hosseini, S., Zandvakili, A., "The SEIRS-C model of information diffusion based on rumour spreading with fuzzy logic in social networks", *International Journal of Computer Mathematics* 99 (9), 2022, pp. 1918−1940.

[192] Hsin, C. L., et al., "Using online opinion leaders to promote the hedonic and utilitarian value of products and services", *Business Horizons* 61 (3), 2018, pp. 431−442.

[193] Şimşek, A., "Lexical sorting centrality to distinguish spreading abilities of nodes in complex networks under the Susceptible-Infectious-Recovered (SIR) model", *Journal of King Saud University-Computer and Information Sciences* 34 (8), 2022, pp. 4810−4820.

[194] King, K. K., et al., "Dynamic effects of falsehoods and corrections on social media: A theoretical modeling and empirical evidence", *Journal of Management Information Systems* 38 (4), 2022, pp. 989−1010.

[195] Kraft, D., "Difficulty control for blockchain-based consensus systems", *Peer-to-Peer Networking and Applications* 9 (2), 2016, pp. 397−413.

[196] Kumar, A., et al., "Sarcasm detection using soft attention-based bidirectional long short-term memory model with convolution network", *IEEE Access* 7, 2019, pp. 23319−23328.

[197] Kumar, S., "Deep learning based affective computing", *Journal of Enterprise Information Management* 34 (5), 2021, pp. 1551−1575.

［198］ Kwon, S., et al., "Rumor detection over varying time windows", *Plos One* 12 (1), 2017, p. e0168344.

［199］ Lepore, C., et al., "A survey on blockchain consensus with a performance comparison of PoW, PoS and pure PoS", *Mathematics* 8 (10), 2020, p. 1782.

［200］ Lin, J. H., et al., "I wanna share this, but…: Explicating invested costs and privacy concerns of social grooming behaviors in Facebook and users' well-being and social capital", *Journal of Computer-Mediated Communication* 29 (1), 2024, pp. 1–16.

［201］ Lin, J. H. T., "Strategic social grooming: Emergent social grooming styles on Facebook, social capital and well-being", *Journal of Computer-Mediated Communication* 24 (3), 2019, pp. 90–107.

［202］ Lin, L., et al., "New media platform's understanding of Chinese social workers' anti-epidemic actions: An analysis of network public opinion based on COVID-19", *Social Work in Public Health* 36 (7–8), 2021, pp. 770–785.

［203］ Lin, T. C., et al., "Examining the antecedents of everyday rumor retransmission", *Information Technology & People* 35 (4), 2022, pp. 1326–1345.

［204］ Liu, Q., et al., "The influence of information cascades on online reading behaviors of free and paid e-books", *Library & Information Science Research* 42 (1), 2020, p. 101001.

［205］ Liu, X., et al., "Research on the co-evolution of competitive public opinion and intervention strategy based on Markov process", *Journal of Information Science* 2023, p. 01655515221141033.

［206］ Li, Z., et al., "Configurational patterns for COVID-19 related social media rumor refutation effectiveness enhancement based on machine learning and fsQCA", *Information Processing & Management* 60 (3), 2023, p. 103303.

［207］ London Jr, J., et al., "Seems legit: An investigation of the assessing and sharing of unverifiable messages on online social networks", *Information Systems Research* 33 (3), 2022, pp. 978–1001.

[208] Lotfi, S., et al., "Rumor conversations detection in twitter through extraction of structural features", *Information Technology and Management* 22 (4), 2021, pp. 265–279.

[209] Luo, H., et al., "Rise of social bots: The impact of social bots on public opinion dynamics in public health emergencies from an information ecology perspective", *Telematics and Informatics* 85, 2023, p. 102051.

[210] Malik, A., et al., "Understanding the Facebook users' behavior towards COVID-19 information sharing by integrating the theory of planned behavior and gratifications", *Information Development* 39 (4), 2023, pp. 750–763.

[211] Mao, G., Zhang, N., "Fast approximation of average shortest path length of directed BA networks", *Physica A Statistical Mechanics & Its Applications* 466 (9), 2017, pp. 243–248.

[212] Marin, L., "Sharing (mis) information on social networking sites. An exploration of the norms for distributing content authored by others", *Ethics and Information Technology* 23 (3), 2021, pp. 363–372.

[213] Ma, R., "Spread of SARS and war-related rumors through new media in China", *Communication Quarterly* 56 (4), 2008, pp. 376–391.

[214] Meel, P., Vishwakarma, D. K., "Fake news, rumor, information pollution in social media and web: A contemporary survey of state-of-the-arts, challenges and opportunities", *Expert Systems with Applications* 153, 2020, p. 112986.

[215] Miao, R., "Emotion analysis and opinion monitoring of social network users under deep convolutional neural network", *Journal of Global Information Management* 31 (1), 2023, pp. 1–12.

[216] Mohd, M., et al., "Sentiment analysis using lexico-semantic features", *Journal of Information Science* 50 (6), 2024, pp. 1449–1470.

[217] Muhammad, M., et al., "Renovating blockchain with distributed data-

bases: An open source system", *Future Generation Computer Systems* 1 (90), 2019, pp. 106-117.

[218] Mumu, J. R., et al., "Understanding barriers to female STEM students' adoption of online learning during a pandemic: An fsQCA analysis", *Pacific Asia Journal of the Association for Information Systems* 14 (6), 2022, p. 3.

[219] Nardi, B. A., O'Day, V. L., "Information ecologies: Using technology with heart-chapter four: Information ecologies", *Serials Librarian* 38 (1-2), 2000, pp. 31-40.

[220] Nekovee, M., et al., "Theory of rumour spreading in complex social networks", *Physica A Statistical Mechanics & Its Applications* 374 (1), 2007, pp. 457-470.

[221] Nölleke, D., et al., " 'The chilling effect': Medical scientists' responses to audience feedback on their media appearances during the COVID-19 pandemic", *Public Understanding of Science* 32 (5), 2023, pp. 546-560.

[222] Oh, H. J., Lee, H., "When do people verify and share health rumors on social media? The effects of message importance, health anxiety, and health literacy", *Journal of Health Communication* 24 (11), 2019, pp. 837-847.

[223] Pal, A., Banergee, S., "Internet users beware, you follow online health rumors (more than counter-rumors) irrespective of risk propensity and prior endorsement", *Information Technology & People* 34 (7), 2021, pp. 1721-1739.

[224] Parimi, P., Rout, R. R., "Genetic algorithm based rumor mitigation in online social networks through counter-rumors: A multi-objective optimization", *Information Processing & Management* 58 (5), 2021, p. 102669.

[225] Pierro, M. D., "What is the blockchain?", *Computing in Science & Engineering* 19 (5), 2017, pp. 92-95.

[226] Rani, P., et al., "Blockchain-based rumor detection approach for CO-

VID-19", *Journal of Ambient Intelligence and Humanized Computing* 15 (1), 2024, pp. 435-449.

[227] Ross, B., et al., "Are social bots a real threat? An agent-based model of the spiral of silence to analyse the impact of manipulative actors in social networks", *European Journal of Information Systems* 28 (4), 2019, pp. 394-412.

[228] Roy, S., et al., "Towards an orthogonality constraint-based feature partitioning approach to classify veracity and identify stance overlapping of rumors on twitter", *Expert Systems with Applications* 208, 2022, p. 118175.

[229] Sahafizadeh, E., Tork Ladani, B., "Soft rumor control in mobile instant messengers", *Physica A: Statistical Mechanics and its Applications* 609, 2023, p. 128359.

[230] Sharma, A., et al., "Message sharing and verification behaviour on social media during the COVID-19 pandemic: A study in the context of India and the USA", *Online Information Review* 46 (1), 2022, pp. 22-39.

[231] Shen, Y. C., et al., "Why people spread rumors on social media: Developing and validating a multi-attribute model of online rumor dissemination", *Online Information Review* 45 (7), 2021, pp. 1227-1246.

[232] Shi, W., et al., "DRMM: A novel data mining-based emotion transfer detecting method for emotion prediction of social media", *Journal of Information Science* 50 (3), 2024, pp. 590-606.

[233] Sicilia, R., et al., "Twitter rumour detection in the health domain", *Expert Systems with Applications* 110 (15), 2018, pp. 33-40.

[234] Singh, J. P., et al., "Attention-based LSTM network for rumor veracity estimation of tweets", *Information Systems Frontiers*, 2020, pp. 1-16.

[235] Singh, T., et al., "Rumor identification and diffusion impact analysis in real-time text stream using deep learning", *The Journal of Supercomputing* 80 (6), 2023, pp. 7993-8037.

[236] Srinivasan, S., Babu, D., "A bio-inspired defensive rumor confine-

ment strategy in online social networks", *Journal of Organizational and End User Computing* 33 (1), 2021, pp. 47−70.

[237] Srinivasan, S., Dhinesh, B. L. D., "A social immunity based approach to suppress rumors in online social networks", *International Journal of Machine Learning and Cybernetics* 12, 2021, pp. 1281−1296.

[238] Sundar, S. S., et al., "Seeing is believing: Is video modality more powerful in spreading fake news via online messaging Apps?", *Journal of Computer-Mediated Communication* 26 (6), 2021, pp. 301−319.

[239] Sun, S., et al., "The moderation of human characteristics in the control mechanisms of rumours in social media: The case of food rumours in China", *Frontiers in Psychology* 12, 2022, p. 782313.

[240] Tandoc, E. C., et al., "Platform-swinging in a poly-social-media context: How and why users navigate multiple social media platforms", *Journal of Computer-Mediated Communication* 24 (1), 2019, pp. 21−35.

[241] Tansley, A. G., "The use and abuse of vegetational concepts and terms", *Ecology* 16 (3), 1935, pp. 284−307.

[242] Tan, W. K., Hsu, C. Y., "The application of emotions, sharing motivations, and psychological distance in examining the intention to share COVID-19-related fake news", *Online Information Review* 47 (1), 2023, pp. 59−80.

[243] Wang, K., Zhang, Y., "Topic sentiment analysis in online learning community from college students", *Journal of Data and Information Science* 5 (2), 2020, pp. 33−61.

[244] Wang, Z. C., Yuan, Z. X., "Research on the theme-oriented mining of microblog opinion leaders", *Information Science* 3, 2018, pp. 112−116.

[245] Wei, L., et al., "Do social media literacy skills help in combating fake news spread? Modelling the moderating role of social media literacy skills in the relationship between rational choice factors and fake news sharing behaviour", *Telematics Informatics* 76 (1), 2022, p. 101910.

[246] Wei, Z., He, M. S., "Influence of opinion leaders on dynamics and

diffusion of network public opinion", *IEEE*, 2013, pp. 139-144.

[247] Xie, Y., et al., "Research on Chinese social media users' communication behaviors during public emergency events", *Telematics & Informatics* 34 (3), 2017, pp. 740-754.

[248] Yahui, L., et al., "Towards early identification of online rumors based on long short term memory networks", *Information Processing & Management* 56, 2019, pp. 1457-1467.

[249] Ye, A., et al., "An end-to-end rumor detection model based on feature aggregation", *Complexity* (1), 2021, p. 6659430.

[250] Ye, P., Liu, L., "Factors influencing college students' behaviours of spreading internet public opinions on emergencies in universities", *Information Discovery and Delivery* 50 (1), 2021, pp. 75-86.

[251] Yin, C., et al., "Research on the influencing factors of the switching behavior of Chinese social media users: QQ transfer to WeChat", *Library Hi Tech* 41 (3), 2023, pp. 771-787.

[252] Zhang, X., et al., "Internet public opinion dissemination mechanism of COVID-19: Evidence from the Shuanghuanglian event", *Data Technologies and Applications* 56 (2), 2022, pp. 283-302.

[253] Zhang, Y., et al., "A study of the influencing factors of mobile social media fatigue behavior based on the grounded theory", *Information Discovery and Delivery* 48 (2), 2020, pp. 91-102.

[254] Zhang, Y., et al., "The impact of official rumor-refutation information on the dynamics of rumor spread", *Physica A: Statistical Mechanics and its Applications* 607, 2022, p. 128096.

[255] Zhao, J., et al., "Modeling and simulation of microblog-based public health emergency-associated public opinion communication", *Information Processing & Management* 59 (2), 2022, pp. 102846.

[256] Zheng, P., et al., "Sensing the diversity of rumors: Rumor detection with hierarchical prototype contrastive learning", *Information Processing & Management* 61 (6), 2024, p. 103832.

［257］ Zhou, J., et al., "Pattern formation and bifurcation analysis of delay induced fractional-order epidemic spreading on networks", *Chaos, Solitons & Fractals* 174, 2023, p. 113805.

［258］ Zhou, Q., Jing, M., "Multidimensional mining of public opinion in emergency events", *The Electronic Library* 38 (3), 2020, pp. 545-560.

［259］ Zhu, H., et al., "Prediction of online topics' popularity patterns", *Journal of Information Science* 48 (2), 2022, pp. 141-151.

［260］ Zubiaga, A., et al., "Detection and resolution of rumours in social media: A survey", *ACM Computing Surveys* 51 (2), 2018, pp. 1-36.

图书在版编目（CIP）数据

社交媒体平台网络谣言甄别与组态路径研究／张柳
著．--北京：社会科学文献出版社，2025.6.--ISBN
978-7-5228-5278-2

Ⅰ.D669.4

中国国家版本馆 CIP 数据核字第 2025RB1259 号

社交媒体平台网络谣言甄别与组态路径研究

著　　者／张　柳

出 版 人／冀祥德
责任编辑／贾立平
文稿编辑／王　敏
责任印制／岳　阳

出　　版／社会科学文献出版社（010）59367226
　　　　　　地址：北京市北三环中路甲 29 号院华龙大厦　邮编：100029
　　　　　　网址：www.ssap.com.cn
发　　行／社会科学文献出版社（010）59367028
印　　装／三河市龙林印务有限公司

规　　格／开 本：787mm×1092mm　1/16
　　　　　　印 张：11　字 数：175 千字
版　　次／2025 年 6 月第 1 版　2025 年 6 月第 1 次印刷
书　　号／ISBN 978-7-5228-5278-2
定　　价／128.00 元

读者服务电话：4008918866

▲ 版权所有 翻印必究